一本书学会
视觉营销

如何成为大热门？ 社交媒体女王教你真正的视觉营销

The Power of Visual Storytelling
How to Use Visuals, Videos, and Social Media to Market Your Brand

［美］叶卡捷琳娜·沃尔特（Ekaterina Walter）　著
杰西卡·基格里奥（Jessica Gioglio）

闫佳　译

中国人民大学出版社
·北京·

序

写作有个不可告人的小秘密。作者们拒不承认，编辑们矢口否认，出版商压下传言。这个秘密的爆炸性太强了，一旦曝光，整个文学界都会给炸垮。至少，文学界是这么相信的。想知道这个秘密是什么吗？图画。人类画画的历史已经有 32 000 年，但书写的历史只有 5 000 年。（考虑到第一种书写语言是图案性质的，就连这个日期也很值得商榷。）

1. 我们这一代人里最成功的作家，J.K. 罗琳（J.K. Rowling），两年前终于承认，她是先把哈利·波特的世界画出来才动手写的。

2. J.R.R. 托尔金（J.R.R. Tolkien）在描写中土世界之前先动手画画。《指环王》的书里本有意进行说明，但出版商却说，不行。（直到彼得·杰克逊的电影大获成功之后，托尔金的绘画书才问世。）

3. 动手写《在路上》之前，杰克·凯鲁亚克（Jack Kerouac）先用图把主要情节用画面形式表现了出来。

4 约瑟夫·海勒（Joseph Heller）用一份可视化的时间表帮忙跟踪《第二十二条军规》里角色的一举一动。

5 弗拉基米尔·纳博科夫（Vladimir Nabokov）为了跟上詹姆斯·乔伊斯（James Joyce）在《尤利西斯》里的叙事，无奈画了一张图。

这份清单可以无穷无尽地列下去。站在文学和想象力的门槛上，我们这些门外汉知道这些内幕吗？

我们不知道。很奇怪，不是吗？图画是我们叙事的基础，但似乎没人愿意承认。

没了视觉思维，我们的语言思维便无法运作起来。我们这些在西方传统教育下成长的人觉得这很惊悚。图片是细枝末节，绘画是雕虫小技，涂鸦不登大雅之堂，正经的画作则是用来装饰门面的——学校这样教育我们。

在这本奇妙的书里，叶卡捷琳娜·沃尔特和杰西卡·基格里奥向我们展示了这样的看法错得有多离谱。用画面来思考是我们的天性。分享这些画面一直是我们的梦想。随着全球社交网络时代的到来，我们拥有了一整套全新的工具，能够让梦想成真。

两位作者，衷心地感谢你们为我们展示了这些工具。很有趣。

丹·罗姆（Dan Roam）

前言

这是"一个那样的日子"。没有一件事能按计划进行，压力如山。叶卡捷琳娜蜷缩在椅子里。她知道一切事情总会有个头绪，但这丝毫也不能减少这一天的折腾。一分钟后，她知道自己需要什么了。是时候来……推一下了。一如所有的社交网络策略师，她打开 Twitter，输入"这是一个那样的日子……@benefitbeauty #beautyboost"，按下了"发布"钮。30 秒之后，贝玲妃化妆品（Benefit Cosmetics）跟进了一条推文。推文里包含一幅粉红色的图片，图里写着几个字，"如果性感是一种罪，那你罪有应得。"叶卡捷琳娜忍不住笑起来。她想，看来改变心情只需要小小一条推文呀。她立刻分享了这条推文。有人在办公室里讨论起来。它让男男女女都带上了笑意。它是一针强心剂。在那一刻，每个人都觉得日子带上了些许光明。

好几个人都觉得这幅小图一瞬间就把自己从艰难的一天里转到了安全地带。他们得到了灵感：利用实时的可视化内容能给人带来不同的视角，并间接让人欣赏能够这么做的品牌。

身为营销人员，我们欣赏 #BeautyBoost 用图片这种方式来讲述实时发生的故事：贝玲妃化妆品公司希望消费者自我感觉良好。该公司甚至在官方 Twitter 的简介里宣称，"笑容是最好的化妆品……所以，咧开嘴，试试看！"这些好听的话是分别发送给贝玲妃在线社区的成员的，这些文字十分幽默，带有微笑、眨眼的表情符号，但没有过度的宣传。在与美容相关的主题下，有如下的句子："你的睫毛比超级名模的腿还长。""你的皮肤亮光四射，轨道上的人造卫星都能看到你闪闪发亮。"这些话跟贝玲妃旗下的美容品牌遥相呼应，但却并未突出具体的产品。

贝玲妃化妆品美国区数字营销总监克劳迪娅·奥尔伍德（Claudia Allwood）说：

我们想创造出可视化、可分享的内容，传达我们品牌的核心信息：笑容是最好的化妆品。我们希望有种东西跟我们的美容解决方案一样能即刻发挥作用，跟我们品牌的个性一样聪明机智，而且能跟我们的消费者进行互动。贝玲妃不是那种你无法实现的美丽；我们的产品就像能瞬间出现的好朋友，5 分钟之内让你尽显自然美。依靠 #BeautyBoost 这一推广活动，我们希望带给女性惊喜，用即时的赞美和肯定让她们容光焕发。

> 我了解到，别人会忘了你说过的话，忘了你做过的事，但永远不会忘记你带给他们的感受。[1]
> ——玛雅·安杰罗（Maya Angelou）
> 美国黑人作家和诗人

诚然，贝玲妃可以简单地用文字发推文，但结合视觉元素能让推文更加有力，原因有如下几点。首

先，它让接收人暂时停下繁忙的一天，欣赏这如期而至的信息。接下来，它怂恿接收人将图片（甚至本书提到的故事！）分享给社群里的朋友和关注者，鼓励对贝玲妃品牌的正面口碑。最后，互动和内容都令人难忘，提升了人们对公司的认知度、忠诚度和尊重。

这正是我们用这本书论述视觉叙事力量的原因所在。如果做得好，视觉营销有很大潜力可以提升忠诚度、加强客户关系、强化知名度，等等。社交网络社群和博客重新定义了我们彼此之间的连接方式、信息搜索方式，以及建立在线关系的方式。营销人员面对的挑战和机遇，是采用调动客户积极性的新规则，创造性地思考怎么利用视觉元素支持自己的目标。科学研究证明，人对视觉元素的响应比对纯文本更快、更强，但为了内容而宣传内容却达不到目的。企业和品牌需要精通视觉营销的艺术，以争取获得更好的效果。理解自己的品牌，你代表什么，你想要达成怎样的目标，以及客户希望从你的公司得到些什么——这一切，能构成一个强有力的创意视觉故事。

> 在信息膨胀的时代，有几种方法能让你从噪音中脱颖而出，以有机的方式提高受众对你内容的关注度。视觉营销就是其中之一。

我们看到，当今的视觉叙事营销往往只在社交网络渠道上使用极少量的文字，同时搭配图片、视频和其他视觉表现方式。相比之下，我们仍然采用写书的方式实在显得有些讽刺。你大概注意到，我们在这本书里对页面排版、字号大小和图片应用花了很多心思，原因也正在于此。我们明白，为教育、激励读者，文字是必要的，但我们也认为，用吸引人的视觉元素补充案例和实例分析，能强化我们的关键点，突出中心。

我们采用这种方式，是为了体现这股转向视觉营销的持续有力的浪潮。看看Facebook已经迈出了多大的步子吧！"新闻推送源"（News Feed）中曾经是文字占据最高地位，而今已成了一份不断更新、永不结束的视觉杂志，充满了你最喜欢的人或公司的相关信息。

推特等网站也从只支持文本，转向对移动浏览平台更友好，其中的图像视频大放异彩。YouTube 大受欢迎，已成为仅次于 Google 的第二大搜索引擎。SlideShare 让 PowerPoint 演示文稿再度炫目起来。数字极客们通过巧妙的信息图表，把他们辉煌的数据传递出去。至于 Pinterest、Instagram 和 Vine 等相对较新的竞争公司，在创造力上更是毋庸多言。

让我们先来看看社交网络在过去几年里有了多大的发展。社交网络平台的蓬勃发展既有趣、令人兴奋，也有点吓人。要想在这么多平台上把所有信息传递给所有受众，企业真的很容易抓狂。

本书的目的不是要让你觉得自己的公司需要做人人都在做的事情；相反，我们分享的是，为什么哪怕你没有庞大的工作团队或预算，视觉营销仍然很有价值、便于采纳。我们写这本书，是希望公开我们的个人经验，以及从很早以前就掌握了视觉营销艺术的顶尖知名企业那里收集到的内幕技巧。我们一直战斗在内容生产行业的第一线，通过亲身实践学会了怎样把视觉元素融入引人入胜的故事当中。在这个过程中，我们获得过成功，应对过失误，甚至还解决了几次危机。

因此，我们把重点放在了你能实际应用的信息和技巧上。它们有些是宏观策略，有些则是有助于宣传、提高你的日常内容规划的"细节"战术。我们的内容涵盖了各种类型的视觉媒体、针对具体平台的最佳实践，以及详细的案例研究：其他公司怎样使用视觉营销，让自己从社交网络渠道中脱颖而出。贯穿本书，我们收录了横跨 B2B 和 B2C 的各种案例。我们认为，优秀的想法能够带给他人启发，并将其重新加工设计成与你公司相关的独特概念。

> 视觉营销不仅仅是一种全新的现象。随着新的社交网络平台加入混战，它将继续演进发展。故此，对照片、视频、信息图形、动画演示等方式的利用，只会变得益发重要。

我们为唐恩都乐（Dunkin' Donuts）甜甜圈和英特尔等品牌做过社交网络策略师和宣讲人，我们希望分享自己在这一行的知识、经验和整个旅程。但归根结底，我们写这本书是因为，我们不仅仅是社交网络爱好者；同样，我们也是消费者。我们知道，消费者面临着比以往更多的信息和社交网络平台，消费者的注意力持续时间大幅缩短。在喧嚣中弄出声响、制造影响力，比以往任何时候都困难，所以，请务必把你的时间、精力和资源放在正确的战略战术上。

机不可失，时不再来。现在就动手开始吧！

目录

1. 视觉营销的崛起 ···························· 1

    视觉营销的演化 ·························· 5

    视觉营销的历史与兴起 ·················· 10

2. 视觉营销的类型、技巧和手法 ············ 19

    视觉内容的类型 ························ 21

    视觉营销的七要素 ······················ 45

3. 平台的力量：社交网络上的视觉营销 ········· 53

    Pinterest ······························ 56

    YouTube ······························ 69

    Facebook ····························· 77

    Twitter ······························· 86

    Instagram ···························· 92

    Tumblr ······························ 101

Vine ·· 108

SlideShare ·· 113

Google+ ·· 118

4. 设计视觉营销路线图：从战略到实施 ······ 127

设定目标 ·· 130

审核与分析 ··· 132

塑造你的视觉故事 ·································· 140

确定视觉内容配方 ·································· 144

为意外情况做好预案 ······························ 148

发布和参与策略 ···································· 150

制作并采购优秀的视觉元素 ···················· 151

模因 ··· 163

GIF ·· 166

信息图表 ·· 169

用户生成内容 ······································· 169

视频：YouTube、Instagram 和 Vine ·········· 175

测量 ··· 178

5. 视觉世界中的实时营销 ···················· 181

什么是实时营销 ···································· 186

实时营销的崛起 ···································· 187

敏捷营销和社交数据的重要性 ·················· 192

未来：四维营销 ···································· 199

结语 …………………………………………… 201

致谢 …………………………………………… 205

注释 …………………………………………… 207

译后记 ………………………………………… 217

视觉营销的
崛起

我们都听过营销人员宣称"内容为王",但 Pinterest 和 Instagram 等视觉社交媒体平台的崛起,外加 Facebook 对后者的天价收购,迎来了一个全新时代,"一图胜千言"这句古老的格言变得前所未有地重要。今天,营销人员正依靠视觉表现形式,放大社交网络的动员能力——理由十分充足。

但单纯地发布图片、视频或者采用其他视觉效果,还是不够。一些公司跳出了内容创造和分享的框框,投入视觉营销的怀抱,逐渐成为将二者合一的领军人物,并尝到了不少甜头:受众参与、转发流量甚至销售量纷纷提高。视觉社交媒体平台的兴起也带来了一种"就是现在!经济"*,消费者欢迎以有趣的视觉内容进行实时营销的做法。不管是创建 Pinterest 讨论版,让饮食计划更简单,还是分享能振奋他人一整天的图片和视

> 营销就是创造能让你的族人通过故事进行传播的产品和服务。
> ——**赛斯·高汀**(Seth Godin),畅销书《营销人都是骗子》(*All Marketers Are Liars: The Power of Telling Authentic Stories in a Low Trust World*)作者

---

* 此处原文为"Now! Economy",和常见的新经济说法"New Economy"相对应。——译者注

频，消费者对跟自己相关的视觉内容甘之如饴。

较之重度依赖文本的内容，成功的视觉营销策略要求"要展示，不要叙述"，这种方法的目标是生成更大的潜力，从而调动更多人参与、进行更多的对话和分享。

据估计，目前，社交网络和博客能达到 80% 活跃的美国互联网用户，网民的参与和行动已成为新一代的金科玉律。[4] 不管是利用 Pinterest 寻找婴儿洗澡的好处，还是观看 YouTube 上鼓励跟新服务供应商会面的案例研究，视觉营销前所未有地帮助企业冲出喧嚣，推进行动。

以丝芙兰（Sephora）化妆品为例。该公司注意到，Pinterest 的关注者比 Facebook 粉丝关注的时间多 15 倍。[5] 公司在"旅行"、"美甲"和"美丽指南"等板块上拥有 20 多万的关注者。丝芙兰还有一个板块罗列自己的"最受欢迎帖"，而这些分享带来了数百次转发和点赞。

再比如加拿大的卡尔加里动物园，它把年报从传统 PDF 格式换成了 Instagram，让自己登上了全国的头条新闻，由此吸引了无数眼球。2012 年，它的年报是"企鹅之年"，以 55 张照片（附说明文字）充当报告正文和内容，用高度可视化的独特方式，讲述了动物园在这一年里所取得的成绩。

还有人没听说过 Blendtec 公司推出病毒式系列广告"能搅拌吗？"之后所引发的视觉营销革命吗？该公司的营销团队看到一段搅拌木板的研发视频，受此启发，他们决定投资 100 美元搅拌其他古怪的东西，并在 YouTube 上分享相关视频，名为"能搅拌吗？"。有一段消费者最喜欢的视频是，搅拌机把最新款的 iPhone 打得粉碎。

视觉营销的演化

　　视觉营销并不是突然冒出来的现象；相反，它是社交网络平台不断进化，以及用户及公司行为不断进化带来的结果。从 20 世纪90 年代中期到 21 世纪最初 10 年，博客平台、Myspace、Delicious（前身是 Del.icio.us）、Flickr 和 Facebook 等网站，为视觉参与造就了最初的机遇。仔细观察这些平台，你会发现，它们全都是为了响应互联网的大量内容流而建立起来的，而这些内容流又多以视觉元素为主。即使在当时，伴有视觉内容的博客文章也比纯文本文章表现要好。MySpace 为用户提供种种个性化设置的机会，如背景、音乐、分享的内容等。Flickr 最初是作为图片分享网站大受欢迎的，时至今日，它仍然是摄影爱好者、专业及业余摄影师们聚集的激情社区。

　　除了内容的共享，这些早期社交网络领军平台最重要的一项素质，或许在于它们都有能力把志同道合的人在网上联结到一起。即便是在今天，哪怕有众多可以参与的社交网络平台，志同道合的人似乎也总能找到办法进入最能反映自己兴趣的在线社区。那么，问题的关键就在于：要确认是什么特点

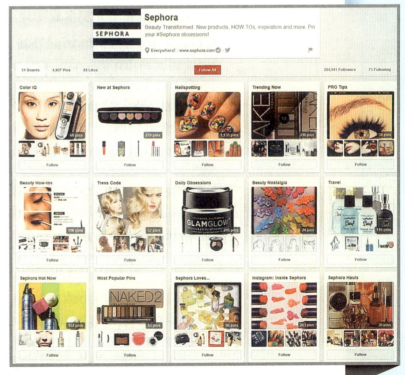

把他们带到了同一个社交网络平台上，理解他们从该平台得到了怎样的价值观，并判断你的公司该怎样跟这些最能调动他们的实践相契合。

除了社区参与，这些平台上的活动也强化了用户寻找的途径，以便他们轻松分享及组织内容、图像、形象和视频。从关注你在 Livejournal 上最喜欢的博主，到在 Myspace 上用你喜欢的歌曲和音乐视频策展品牌资料，又到在 Flickr 上建立相册，"内容为王"这句话应运而生则不足为奇了，在未来的岁月里，它还将不断流传。内容始终是各种社交网络渠道鼓励人们有所行动和参与的鱼钩，只不过随着平台的不断发展演进，规则会有所改变。

2004—2013 年间 Facebook 界面的演进，为我们考察社交网络平台的不断演进以及它如何为视觉内容和叙事铺平道路提供了一个独特的视角。Facebook 从注重文本格式以支持用户个人简介和小组页面，演变成了充满多彩图片、视频等元素的新闻推送源。随着 Pinterest、Instagram 和 Vine 等新竞争对手的出现，很明显，Facebook 的用户同样渴望干净的界面，以便快速浏览内容，找出自己想要的东西。Facebook 移动用户的增长也表明，用户希望，不管自己用什么设备登录网站，都能享受到无缝的体验。

Facebook 在 2004 年问世的时候，只是用户名、兴趣和联系人信息的目录树。你必须导航到用户的个人资料，才能了解这个人的更多信息，或是在他（她）的留言墙上留下评论。界面侧重于文本，最突出的图像是用户的个人资料照片。参加小组，在个人主页上分享兴趣，有助于促进 Facebook 用户的参与度，让他们在网站上构建新的身份。

2006 年 9 月 5 日，Facebook 引入了 News Feed（新闻推送源）和 Mini-Feed 两个元素，朝着更视觉化的体验迈出了第一步。新闻推送源功能可见于你的 Facebook 主页，它能根据你的活动、所属小组、

你朋友标记的照片等，
为你提供个性化的信息
集合。Mini-Feed 则让你
知道用户的 Facebook 资
料有了什么样的最新变
化。[6]很快，用户们就意
识到跟进朋友状态更新、
以新闻流形式看照片的
价值所在了。这一体验，
最终为如今 Facebook 采
用的新闻推送源界面铺
平了道路。

　　2007—2012 年，Facebook 继续朝着更侧重用户体验的视觉化
方向转变。从标签（tag）到应用程序（app）、小组和页面，用户开
始为公司及公众人物创建的、迎合其兴趣的页面"点赞"。2007 年，
Facebook 将每天平均 30 000 条新闻推送更新信息，为每名用户过滤
成 60 来条消息的定制流。[7]故此，确保在新闻推送源里置入文本，
就等于在 Google 搜索结果里排进第一页。[8]然而，各品牌不可能不
付费就锁定这种宝贵的排位，要不然，它们就得专门开发应用程序，
或是在紧邻新闻推送源项目的位置插入广告。[9]2008 年，应用程序蓬
勃发展，状态更新变成了企业用来分享网页或小组里宝贵内容和图
像的工具。但这样的内容，主要是通过收件箱信息或帖子更新通知
来传播的。[10]用户可以自行判断是否感兴趣，然后再访问页面、应
用或小组，这就对内容提出了艰巨的要求。

　　2011 年，Facebook 推出时间轴（Timeline），彻底颠覆了用户体
验——而且是朝着好的方向颠覆。它承诺你将有机会"以全新的个
人简介讲述你的人生故事"，图像、视频和互动内容从 Facebook 从

前侧重于文本的环境中上升到突出的位置。用户现在有机会制作高度互动、可分享、封面还带照片的数字剪贴簿，他们可以使用大图片，组织整理有关自己的重要历史信息。时间轴为品牌带来了类似的体验，各品牌可在自己的页面用全新的方式推广视觉内容——此番调整的效果，得到了时间的证明。2012 年，Facebook 为厂商品牌推出时间轴之后仅一个月，视觉内容（照片和视频）的用户参与度就提升了 65%。[11]

　　2013 年，Facebook 宣布要对新闻推送功能做自 2011 年引入时间轴之后的第一次重大更新。在发布会上，马克·扎克伯格（Mark Zuckerberg）介绍了新闻推送源的新设计，他说："分享方式发生了改变，新闻推送也需要根据这些变化进行调整。这就是新闻推送的演

进之路。"[12]更新后的新闻推送更加注重图像，针对移动客户端做了优化，并开放多重推送源。2012 年 12 月，Facebook 有 10 亿多个月活跃用户，其中 5.43 亿都使用它的移动产品。[13]按 Facebook 公布的数据，用户行为的变化也表明，50% 的状态更新都包含了图像，而附加图片的帖子远比纯文本帖子表现要好。[14]

　　此前，企业一直围绕高度品牌化的页面、应用和小组策展用户体验，可根据 Facebook 的参与度新规则，绝大多数的互动出现在新闻推送当中。用户现在访问 Facebook 是为了跟踪朋友们的近况，寻找特定信息或分享度假照片等内容。这种行为在许多社交网络平台上是一致的，只有 Pinterest 例外，后者的焦点是分享视觉内容，并对其进行分类。

　　尽管厂商们有点不愿意面对现实，但

情况就是这样：大多数情况下，用户上 Facebook 这样的社交网站不是为了浏览品牌发布的内容。这意味着，品牌必须努力成为新闻推送中受用户欢迎的"插播"消息。视觉内容必须引人注目，引发人们的行动或表现自己的亲和力，并保持相关性，否则，就有可能被用户"取消关注"。在 Facebook 上，用户还可以从新闻推送中屏蔽任何人（包括企业），这比取消关注还糟糕，因为品牌无法测算有多少人仍然"关注"自己，却从新闻推送中屏蔽了自己的状态更新。

这些变化，再加上 Facebook 新引入的"EdgeRank"算法（用来判断哪些帖子会出现在用户的新闻推送里，又将出现在什么位置），都为数字新闻流里的视觉参与和视觉营销赋予了更大的价值。

由于 Facebook 上的参与比以往更多地出现在新闻推送环节，高质量的图片和文字就比文本状态更新显得更扎眼，进而带来更多的参与。用户越是频繁地以积极的参与奖励公司发布的帖子，这些帖子进入粉丝新闻推送的概率就越大。粉丝的参与和分享有助于帖子通过"口口相传"效应（"friend-of-friend" effect）接触新受众，从而带动粉丝增长，提高参与度。

引入"EdgeRank"带来的结果是，公司不能躺在荣誉簿上睡大觉了。它们必须带着亲和力，把握分量和时机来发布每一条内容。用户参与品牌内容的频率，以及这些互动的分量与情绪，有助于左右 Facebook 用户认为有趣的东西。

过去几年，Facebook 一直因为引入了决定用户所看内容的算法而遭到批评。营销人员抱怨说，他们努力发展壮大自己的 Facebook 粉丝群，但算法却"选择"相关内容向特定用户推送，这样一来，海量的粉丝里只有少数人才看得到自己品牌发布的每一条更新。

视觉营销的历史与兴起

当下出现了前所未有的各种社交网络平台——受众规模惊人，任何时代都无法与之匹敌。从 Facebook 到 Twitter、Instagram、Pinterest、Tumblr、YouTube、SlideShare 和 Vine，每一个平台都提供了独特的视觉营销与参与机会。丰富的社交网络平台把用户行为、消费者接受在线信息、对在线联系方式的喜好联系了起来。放眼全球，移动用户猛涨，到 2012 年底，手机用户达到了 68 亿人次，相当于世界人口的 96%。[15] 又因为绝大多数人的手机都带有摄像头，毫不出奇，Instagram 和 Vine 等专为手机受众设计的平台应运而生，随后，又被 Facebook 和 Twitter 等社交网络所收购。

在这个信息超载的时代，现实是这样的：社交网络、搜索引擎、移动应用程序将融合越来越多的过滤工具，以确保用户只看到与自己相关的内容。而营销人员的作用是（其实，不管是在大众媒体还是数字媒体时代，它始终未变）：制造最优秀、最相关的内容，突破过滤算法，进入消费者的数字信息流。

和过去社交网络平台的接受模式一样，人们在不断地寻找工具、资源和社区，好让自己忙碌的生活变得更轻松。Facebook 的起家，靠的是始终为"朋友"和"家人"单列关注标签，而 Twitter、Pinterest 和 SlideShare 等平台的崛起，靠的则是人们对增值解决方案的渴望。出于这个原因，每当出现突发新闻事件，人们就打开 Twitter；想要寻找室内设计技巧和饮食计划，人们就打开 Pinterest。SlideShare 如今则是炙手可热的业务信息和教育资源聚合点。

　　另一个有助于视觉营销兴起的因素是人们生活的变幻莫测，他们喜欢实时分享用户生成的图片和可视化内容。对很多消费者来说，智能手机随时放在身边，抓拍照片、录制视频并在社交网络渠道分享这些内容变得再容易不过了。这就是Facebook、Twitter、Instagram、Tumblr、YouTube和Vine等社交网络平台持续繁荣的原因——有了它们，对每一个此时此刻的分享变得更容易、更方便了。

　　那么，为什么视觉内容和视频的分享，对消费者和企业双方都如此重要呢？深入研究一下热门网站和社交网络上用户的行为即可发现，证据藏在视觉布丁（visual pudding）里。

　　研究表明，消费者对视觉内容感兴趣，不见得只是一种偏好；事实上，人类就是能够更轻松、更快速地处理视觉内容。正确的图片不仅能够生动地讲述故事，更能让你感受到情绪，唤起你的记忆，甚至让你采取不同的行为。

　　人类对视觉元素的处理方式与文本有所不同，人们对图片和文字的响应方式也不一样。尽管人类交流已经存在了大约30 000年，可直至7 000年前，人类才发展出了书面语言。[16] 我们了不起的大脑能把符号和涂鸦线条转换成文字，但大脑处理文字总是不如处理图像那么自然。

　　让我来解释一下这是什么意思。

　　请读下面这个词：

女孩

　　它让你想到了什么？你脑子里想到了一个具体的女孩吗？她年纪多大？她在做什么？这个词本身能唤起你的某种情绪吗？

　　现在来看看下面这幅图。

　　它让你想到了什么？它让你产生了什么样的感觉？

不仅仅是"一画抵千言"这么简单。图像可以用来交流一些远比文字更具体的东西——特定的情绪、感受、心情，也就是那些用文字几乎不可能传达的东西。如果有 100 个人听到"女孩"这个词，你认为他们想到的是完全相同的事情吗？他们都产生了相同的感受吗？但看着眼前的这张照片，大多数人想起、感受到的东西都非常类似。

图像就像是激活大脑的快捷键：我们是视觉动物，我们对视觉元素的反应天生就强于文字。20 世纪 60 年代，阿尔伯特·梅拉宾（Albert Mehrabian）指出，93% 的沟通其实都是非语言形式的。[18] 他的意思是，一条信息所蕴含的大部分情感和态度都来自面部表情以及言语说出来的方式，剩下的部分，只有 7%，来自实际所说的话语。视觉形式不光更准确地传达了信息的含义，甚至于，图像还承载了远比文本更丰富的信任和信誉问题。

视觉营销专家，国际畅销书《餐巾纸的背面》（*The Back of the Napkin:Solving Problem and Selling Ideas with Pictures*）的作者丹·罗姆（Dan Roam）这样说：

人类大脑处理视觉元素的速度比处理文字快 60 000 倍，输入大脑的信息的 90% 都是视觉形式的。[17] 在数百万年的进化过程中，人类演化出对视觉信息的响应能力，这远远早于人类开发出阅读文字的能力。

我们生活在一个异常嘈杂的世界。大量的对话和流行语包围着我们。冲出这些噪音的首要方法，就是采用视觉形式。用图片展示东西。人们画画，画了几千年了。如果你整理一下从古至今的沟通史，贯穿不同时期，人们总在寻找方法，以便彼此分享信息。花费最长时间的是围着篝火讲故事、朗诵诗歌和唱歌。这就是当时可用的技术。接下来，我们想做的就是彼此分享图画了。绘画是用视觉传达信息的唯一途径。此后才诞生了写作和印刷术。现在，让我们快进到当代。神灯呀，我们现在能用什么样的技术呢？如同实现了人类的最大梦想：我们想要的一切，尽在自己的指尖。我想跟你分享一个故事，而且我希望以视觉的方式与你分享。那么，我所要做的，就是拍张照片，用电子邮件发给你。我把它放在 Twitter 上，或者贴在 Facebook、Flickr 或 Instagram 里。不足为奇，我们在这些网络上分享着数以 10 亿计的图像。它完全合乎情理：我们一直想彼此分享图片，但从未获得过合适的技术。可现在，我们有了。在我看来，这是营销和沟通领域最大的发展趋势。我们现在拥有的"简单"技术，能够让我们去做一直以来做梦都想做的事情，也就是以图片的形式，在彼此间轻松地分享思想。

我们无法忽视视觉元素在日常交流中的重要意义。这一点很清楚。但这对营销人员意味着什么呢？

创建能让观众以特定方式思考和感受的图像，对广告业是桩大买卖：获取正确的视觉元素，是品牌宣传的核心。2001 年，百事可乐在形象上花了十多亿美元的预算。可口可乐公司不甘示弱，同一年的形象预算为 14 亿美元。[21]

按预期方式对符号、图像产生移情，有赖于一种共同的文化认同，即，理解你的受众是什么样的人。不同的文化，甚至是不同的统计人口，对符号有着不同的处理。诸如星条旗、老鹰等形象能唤起美国人的爱国心，而在其他国家，枫叶、狮子或者袋鼠的形象可能会达到同样的效果。甲受众觉得有力、果断的形象，乙受众可能认为太咄咄逼人。

布莱恩·索利斯（Brian Solis）是《商业的未来》（*Future of Business*）一书作者，他说："最有效的视觉营销能影响人的作为……并依据其影响改变观点，最终改变行为。"

创建正确的图像来传达你的信息，要靠理解你的沟通对象，以及他们对图像的反应如何。沟通是双向过程，营销人员在制作图像时，必须首先确定受众是什么人。正确的图像能在情绪和潜意识层面上说服、关联和影响决策。图像是有力的工具，而我们正逐渐走向更强调视觉的文化。

这些数据恰好印证了为什么视觉营销带给企业极大的机会，把现有的行为和培养内容集中到引导消费者参与上来，而不光是传播信息。视觉元素能为主题帖子带来即刻的关注，带来分享、流量、客户线索、思想指引和专业知识。视觉营销还能帮助企业赢得大型媒体的关注。可口可乐公司利用各种视觉内容争取使其成为值得分享的东西，接触到了靠"口口相传"介绍来的宝贵受众。这就让可口可乐能够更好地利用口碑支持，这一点极为可贵。按照 Bazaar Voice 的数据，51% 的美国人对用户生成内容的信任甚于公司网站信息。[22]

对 B2C 企业而言，这种情绪在时尚界尤其常见，信任博客意见和用户评论是时尚界的趋势。为什么呢？因为人们喜欢看看跟自己有关联的人怎么驾驭服装风格，以及两者间的契合度如何。

2013 年春，蔻驰（Coach）发起了一场营销活动，请客户由上至下地欣赏自己的足上"风景"。顾客使用 #coachfromabove 标签，在 Instagram 或 Twitter 上分享自己蔻驰鞋子的自拍照片，从而赢得进入公司网站画廊展出的机会。"自拍"就是自己给自己照相。在 8 个星期的活动期，蔻驰的用户生成活动平均每星期能收集 80 张照片，活动内容遍及官方网站，并在 Facebook 有了专辑，架起了 Pinterest 讨论版，还扩大到博客圈，吸引到诸多时尚领军人物的参与。最终的结果是形成了源源不断、经过精心编辑的高质量图片流，类似在时尚博客或者杂志上看到的那种。

> 图形可用作表达一种想法的捷径，让受众以特定的方式给予响应。让图像成为某种更宏大、更复杂事物的象征：商标和广告图片心理学就建立在这一认识的基础上。

B2B 企业们也不甘在 B2C 同行面前示弱，据称 91% 的 B2B 公司现在都使用内容营销策略来接触目标受众。[23] B2B 公司对社交网络平台的排行是 LinkedIn、Twitter、Facebook 和 YouTube，它们积极地利用视觉内容强化内容营销策略。视觉相关内容可协助开拓客户线索，提高客户保留度，增进专业知识，巩固行业领导地位，因此变得愈发具有重要价值。

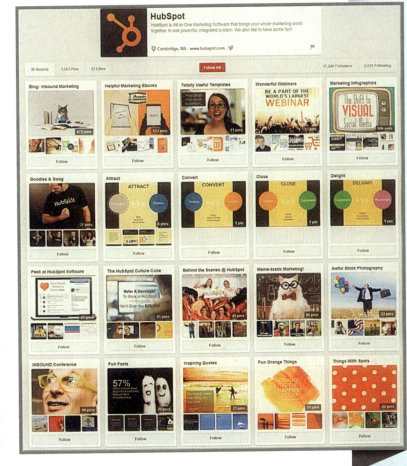

STATS

营销人员需要考虑的关键数据

- 传送给大脑的信息 90% 为视觉元素，大脑处理视觉元素的速度比处理文本的速度快 60 000 倍。[24]

- 40% 的人对视觉信息比对纯文本反应更好。[25]

- 研究表明，当代成年人的注意力持续时间平均值在 2.8 ~ 8 秒之间。[26]

- 视觉网络平台 Tumblr、Pinterest、Instagram 均在 2012 年发展壮大，ComScore 称这一年是"视觉网络崛起元年"。[27]

- 平均而言，包含着引人注目的图片的内容吸引来的浏览量比没有图片的内容多 94%。[28]

- 67% 的消费者认为，清晰、详细的图像非常重要，比产品信息、完整描述和客户评价更有分量。[29]

- 发布大量视觉内容是提高参与度的可靠方法：最近有研究分析了 739 000 条推文，发现 76% 的内容都附有照片，18% 附有视频，并将其作为信息的一部分。[30]

- 定制内容理事会（Custom Content Council）在一项调查中称，62% 的受访者会在内容营销过程中使用视频。[31]

- Facebook 的帖子包括照片的话，参与度会提高 37%。[32]

- 新闻稿中若包含照片，页面浏览量将增加 14%。（若同时包含照片和视频，则页面浏览量攀升至 48%。）[33]

- 46.1% 的人认为网站的设计是识别公司可信度的一条标准。[34]

- 使用信息图的出版商流量比没有使用信息图的出版商平均提高 12%。[35]

- 带视频的帖子比纯文本帖子吸引的入站链接多 3 倍。[36]

- 观众浏览视频页面的时间要多出 100%。[37]

- 观看产品视频后，受众购买该产品的概率会提高 85%。[38]

- 图像对我们的生活变得越来越重要：人类拍摄的所有照片，10% 是过去 12

个月内拍的。[39]

- 带图的文章，吸引的总浏览量多 94% 以上。[40]

- 新闻稿中若包含照片和视频，能提高 45% 的浏览量。[41]

- 如果本地搜索结果里出现了图像，60% 的消费者更有可能考虑或联系与图像相关的公司。[42]

- 在电子商务网站上，67% 的消费者认为产品图片的质量在"挑选和购买产品"时"非常重要"。[43]

- 在在线商店，顾客认为产品图片的质量比该产品的细节信息（63%）、详细描述（54%）和顾客评论、评分（53%）更重要。[44]

- EyeViewDigital 所做的一项研究表明，登录页面上使用视频的话，可以增加 80% 的转换率。[45]

　　说到 B2B 公司在大量社交媒体渠道利用视觉内容进行视觉营销，HubSpot 是个精彩的例子。尽管许多公司的社交网络渠道令人印象深刻，HubSpot 的 Pinterest 展示页面说明了 B2B 公司怎样表现自己的个性和创造力，鼓励具有影响力的人物和潜在客户参与。该公司建立了各种讨论版，有专注于企业文化的，有提供电子文档的，有在线研讨会和信息图，这些形形色色的视觉内容，都是以包含信息量、幽默并鼓舞人心的方式共享的。如果你以为 B2B 公司只能一本正经地做事，请再想想看。"模因营销"（Meme-tastic Marketing）和"可怕的库存图片"等疯狂板块向其他企业表明，搞怪逗乐没什么。在它们的努力下，HubSpot 在 Pinterest 上拥有 17 000 多名关注者，公司还可以利用该渠道创建入站链接，从而带动流量，进行搜索引擎优化，并调动用户参与。

　　这些只是一些品牌利用视觉营销调动客户活跃度的例子。接下来，让我们看看视觉营销的类型、技巧和手法。

2

视觉营销的类型、
技巧和手法

从图片到视频、图表和演示文稿，视觉元素大受欢迎，使其得到了前所未有的大范围使用，由此带来一个奖励创造力的社交网络时代。一画抵千言或许仍然不假，但模因、引用、漫画、动画 GIF，为照片的叙事能力注入了全新的活力和语境。就连视频（继续带给人们欢笑、愉悦和信息），也随着消费者的注意力持续时间而演进，在 Vine 上，它精简到了 6 秒；在 Instagram 上，是 15 秒。信息图表变成了沟通统计数据和研究结果的宝贵工具。演示文稿也迎合着绝大多数视觉学习者，事实证明，如需深入探讨特定主题，演示文稿是很能吸引注意力的一种方式。

> 图片的意义就在于：它们引诱你。
> ——大卫·伯恩（David Byrne），
> 音乐家[1]

视觉内容的类型

下面是营销人员应该多加关注的部分视觉内容类型。

图片

因为吸引人、激励人、鼓舞人、叫人高兴或是富有幽默感，如今每天平均有 5 亿多张照片被人上传和分享——这个数字预计每隔一年就会翻一倍。[2] 智能手机的普及，再加上通过社交网络进行分享的便利性，造就了一种赞美照片、某些时候甚至必备照片的文化。在流行文化中，图片对消费者太重要了，专门收录俚语的《城市字典》（*Urban Dictionary*）甚至把"无图无真相"这句话都加入了自己的词汇库。它的意思是说，如果你碰到了某件疯狂而有趣的事情，可你没拍照片，那么你的朋友们恐怕不会相信。[3]

为迎合消费者的摄影趋势，精明的企业懂得：为自己的社交网络渠道增添视觉叙事元素，方法不止一种。从传统的图像到用户生成内容、拼贴画、把文本叠加在图片上、模因——公司可以用各种创新方式加入这股潮流。在本节中，我们将分享图像类型、摄影技巧和案例，帮助你创建照片，从而让不同的故事和小插曲栩栩如生。

视觉营销所用的图像类型：

- 照片

- 图表和绘画

- 用户生成的图像

- 拼贴画

- 叠加文本的图片：标题、引言和统计数据

- 明信片和电子贺卡

- 字符画（指用字符构成的图画）

- 模因

照片

从许多方面看，摄影就像一张白纸。只要摄影师眼里有美，任何时刻都有机会将其凝固成一张照片。人们拍下照片，在社交网络平台上分享，说明人们怎么看待、怎么体验自己的生活，什么事情对自己重要，他们认为什么样的东西值得跟朋友和家人分享。对希望强化自己视觉营销努力的企业，照片提供了一个很好的起点。

精心制作的照片不是什么新鲜概念，长久以来，企业网站、广告、零售店和新闻媒体早就在用它了。然而，对社交网络友好、能引发实时响应的图片，却是个新概念。有了专业的图像，美化、食品造型、布景设计和灯光照明技术才得到了普及。但在社交网络的推动下，人们开始寻找真实的、跟公司价值观和产品相符合的图片。而美化模特的着装效果，或是通过调整三明治的摆放方式让它显得比实际上更大，其实有可能招来客户的抱怨，让他们对你的产品产生怀疑。比方说，TripAdvisor 允许会员张贴自己住店期间的照片。1 400 多万真实图片发布到公司网站上，这些照片的价值在于，消费者可以看出酒店的实际情况是否与网站上展示的相吻合。

图表和绘画

有时候，在对高技术产品进行营销推广时，图表和可视化方式或许更为恰当。有些人对表格、图画、数字和可视框架的反应更佳。把尝试沟通的概念放进一套易于消化的视觉框架中，或许能让你传递的信息更好理解，也更方便你与他人分享。

举个例子：本书作者叶卡捷琳娜向客户谈到口碑和品牌宣传的意义时，提及客户情感历程的 5 个"L"，以及实现品牌亲和力最快、最有效的方法，不是靠传播品牌自身的信息，而是要靠构建强大的倡导者网络。她指出，品牌的目标应该是把你的潜在客户从"缺乏认识"（Lack of awareness）到"了解品牌"（Learning about your brand），再到"喜欢"（Like），从而让目前的客户从"喜欢"进入"热爱"（Love）和"忠诚"（Loyalty）的层面。但一直到叶卡捷琳娜用可视化的框架向客户展示出了 5 个"L"，以及与每一阶段相关的品牌目标，他们才露出微笑，并且点头同意。用视觉元素呈现你的信息，它会更有力。通常，不管你的故事多动人、多漂亮，只要你为它加入简单的图形，就能帮助你的听众与这些信息之间建立起更加深刻的理解和联系。

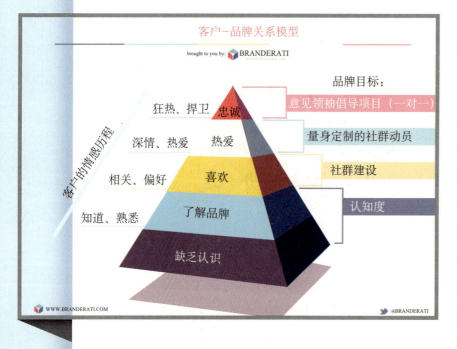

用户生成的图像

想在深化与消费者联系的同时，补充你的图像库吗？不妨考虑开发一套程序，收集和共享用户生成的图像。让消费者成为视觉营销过程的一部分，企业就是在参与协作营销，同时可以获取不可思议的图像。公司得以从第一手的角度看到客户的动机，看到什么能激发客户，而客户则有机会在公司的其他粉丝中分享自己的图像，看到这些图像有人喜欢。这对客户而言是一种肯定。

拼贴画

如果能用三四张甚或更多张图片更好地讲述故事，为什么只用一张呢？拼贴画不再仅仅是剪贴簿爱好者的宠物，它们重新流行开来。概念和动机都很直接——你已经拍摄、分享了大量图片，为什么不把它们整理到一起，帮助你讲述视觉故事呢？拼贴画能强调不同的公司或产品特性，也可以把事件的不同方面编织到一起，还可以用来布置激发灵感的展板，它提供了大量发挥创造力的机会。

叠加文本的图片：标题、引言和统计数据

想用轻松又节俭的方法为传统图片加点料吗？想让照片标题在混乱的社交网络中不被误解？不妨考虑增加少量文本。一段潇洒的话语、引言和统计数据，可以为视觉营销增添一重可行的维度。

明信片和电子贺卡

社交网络并未杀死明信片，只是做了改造。明信片和电子贺卡提供了多种整合照片和文字的方法。不管是用来更新状态，还是架设 Pinterest 讨论版，又或者用于消费者参与活动、对某件事的预热，电子贺卡的怀旧、便利和可分享性，都为企业提供了独特的视觉营销机会。

字符画（指用字符构成的图画）

从传统的文本到引言、统计数据，用文字增强图像的视觉叙事有很多种方法。但如果文字本身就是图像呢？借助一些有用的工具，如 WordFoto（这是 iPhone 和 iPad Touch 上的应用），或是安卓上的

WordCam Pro，你可以把公司的名称、口号外加关键词变成抓人眼球的视觉形象。

模因

模因指的是人与人之间传播的概念及想法，它们是文化信息传播的"信号物"。理查德·道金斯（Richard Dawkins）在 1976 年的作品《自私的基因》（*The Selfish Gene*）中，根据希腊单词"mimeme"（意思是"一件模仿的东西"）创造了"模因"（meme）一词。[4] 19 世纪 70 年代，英国摄影师哈利·弗里斯（Harry Frees）开始为自己的猫拍照片，将之印在贺卡的封面，并配之以幽默的文本。[5] 这些贺卡就是"搞笑猫"（LOLcats，这是最流行、最持久的互联网模因，把滑稽的标题放在猫咪的照片上）最初的例子。

"我可以要个芝士汉堡"、"成功孩子"、"潮人爱丽儿"、"单身蛙"*——听起来像是孩子们爱说的绕口令，但其实是模因——以惊人速度重复并分享的笑话、短语、概念、图像、视频和文化现象。多亏了互联网和社交网络，视觉模因能在几小时内蔓延全球。模因一般是荒唐滑稽的，90% 会插入一幅猫咪图片，它是维持互联网的文化黏合剂。

近些日子，模因无处不在，它们传播得太快了，几乎无法追溯其来源（不过你可以到 www.knowyourmeme.com 上试试看，这是一套数据库，可以寻找特定文化模因的起源）。

过去几年，品牌把模因视为建立知名度和社会认同的工具。

家得宝（Home Depot）创建了自己版本的搞笑猫，2013 年春

---

* 上述短语的原文分别为"I can has cheezburger"、"Success Kid"、"Hipster Ariel"、"Bachelor Frog"，很类似国内各种迅速流行开来的搞怪图片，读者可以分别用原文进行搜索以了解详情。——译者注

推出了"猫咪理查德，人类博学家"（Richard the Cat, a.k.a. Pundit of People）。猫咪理查德针对主人一家"自己动手做"的冒险，给出了诙谐、讽刺和刻薄的评论。用户可以创建自己的"猫咪理查德"模因，并有机会赢得价值200美元的家得宝抵用券。

家得宝的首席营销官崔西·穆勒（Trish Mueller）认为猫咪模因的起源来自去年的一次内部会议，她在会上提出了这个设想。"每个人都有精灵、驯鹿、圣诞老人，但社交空间里最常见的一样东西，是猫。"穆勒接受《广告时代》（*Ad Age*）的采访时说："我向领导团队提起这个设想，我们的首席执行官立即就懂了。"[6] 猫咪理查德推广活动的重点是，利用模因简单而幽默地讲述品牌故事，从而让客户参与进来。猫咪理查德有了Tumblr上的热门博客，还在Twitter上有了数量稳定的关注者，这无疑实现了品牌想要达成的结果。

卡通漫画

卡通漫画具有艺术性、迷人性和幽默性，构成了一种强大的视觉营销工具。想想你曾经有过什么样的看漫画的经历呢？我们许多人都是在漫画的陪伴下长大的，我们收集漫画书，看报纸时总是第一时间就翻到"笑话"那一部分。观众都觉得漫画有意思，喜欢按视觉顺序揭晓的故事和信息。卡通漫画有极高的品牌认知度，怀旧味道十足，在本质上就极抓眼球。

漫画的核心信息和灵感可以来自任何地方，比如常见的客户问题、关键的产品或促销活动、流行文化、模因、有趣的事实、有关你公司的独家幕后新闻等。

凯洛格（Kellogg）的巧克力夹心饼"Pop-Tarts"经常在视觉营销内容中采用漫画形式，围绕人们对该产品的渴望讲述有趣又带些不驯气质的故事。漫画大多展现的是人们怎么用创意十足的古怪法子，把巧克力夹心饼塞进烤面包机里。美国国庆日 7 月 4 日那天，有这样一个例子：漫画里描绘一个人把夹心饼塞进了一台样子像是游行花车的烤面包机里。夹心饼在烤面包机里问自己什么时候能弹出来，那人说："再多待一分钟……"

希望驾驭漫画力量的企业，应当牢记这种媒介的最佳实践。要用漫画来强调你品牌的幽默性，比如让人哈哈大笑的地方，或者机智诙谐的地方。你可以拿自己开涮，或是提及影响了你所属行业、迄今仍保留在自己品牌里的流行文化事件。这么做能让你的公司在粉丝面前显得更有人情味。寻找你公司或者所在行业的有趣之处，以此作为灵感，应该并不太难。可以浏览你的社交网络渠道，跟客户服务团队聊聊天，或者在公司内部展开集体讨论。在会上先抛出若干想法作为"思想的种子"，然后就等着看好戏吧！

在设计漫画时，请记住它们是一种艺术形式。所以，找一个绘画能力强的人来实现你的设想很关键。艺术品不必完美，但观众必须能清晰地识别出自己所看的内容。

Get Satisfaction 公司的 CEO 温迪·莉亚（Wendy Lea），与漫画家汤姆·菲什伯恩（Tom Fishburne）创造了一系列推广自己公司的漫画。Get Satisfaction 是一款社区软件，各种规模的企业都能通过它在线联系自己的消费者，而该公司的软件便利了这种联系。此外，应用该软件的企业的社区经理还可对双方的联系进行管理和策划。

本书作者叶卡捷琳娜问莉亚为什么选择漫画来推广自己的品牌，莉亚说：

有两个原因。我们想要有创意，我们想要特定的某类人对这一创意过目难忘。在我们的案例中，这类人是社区经理。通过漫画，我们试图让人们关注社区经理在日常生

活中面临的挑战与疯狂，展示他们工作要求苛刻的一面和
有趣的一面。

Get Satisfaction 创造了大量视觉内容，如信息图表，前些年非
常成功，公司希望继续借助视觉形式来推广自己的品牌。但公司采
用了广告之外的视觉应用形式。他们立足于内容，在线上线下使用
连环漫画。例如，团队设计卡通海报和杯垫，在自己召开的客户成
功峰会（Customer Success Summit）上和客户管理感恩日（Customer
Management Appreciation Day）免费派送。这些漫画大受欢迎，为公
司带来了很多正面的反馈。

汤姆·菲什伯恩在接受作者的采访时说，漫画靠着几个特点脱
颖而出，成为了一种营销工具。"一来它有点像是特洛伊木马：你可
以在非常小的空间里沟通庞大的信息。因为表达方式幽默，人们喜
欢看漫画。但你可以让漫画承载信息和洞见，传递更深刻的东西。"
漫画是一种有效的沟通方式，能让观众冲出嘈杂的环境。"我认为，
漫画大多采用连环画的形式，这是极为可贵的。"菲什伯恩继续说。
"它不仅仅是一次性媒体；你上 YouTube 发布一条视频，然后希望它
像病毒般扩散开来——漫画不是这样的。如果说，你在推广活动中
有节奏地每隔一阵就公布一则新漫画，那么受众就会开始四处寻找
相关的漫画，他们想看到下一期。"

人们喜欢笑。用漫画作为传递品牌信息的载体，至少对受众来
说总会是赢的局面。但漫画同时也是一种说明受众需求的方法。"如
果你在为某样东西做推广，你就要为该客户群体解决一类问题。"菲
什伯恩说。"漫画很擅长说明该种需求：观众会自然而然地感觉到你
尝试推广的解决方案。我认为这种方式很好：受众在看漫画时，能
识别出漫画中的自己。他们似乎是把自己投射到了漫画中的人物身
上，漫画也因此变得更私人、更直接了。"Get Satisfaction 的推广活

动显然展示了以上的各个方面。

　　显然，这里的挑战在于，不要让人们觉得漫画是商业广告，而是自己真正想看的有价值的内容。如果成功了，你会看到惊人的结果。菲什伯恩说，他的一些客户把漫画作为常规内容加入新闻邮件之后，这些电子信件的打开率从传统上的 5% ~ 8% 提高到了 45%。

GIF

　　尽管 GIF 图片格式在 1987 年就出现了，但凭借为难忘时刻"打上感叹号"的不可思议的能力，它们迎来了新一轮的人气飙升。GIF 是"Graphics Interchange Format"的缩写，直译为"图像互换格式"，用户可以将多幅图片或视频静态帧画面存进一个图像文件，将之变成动画。虽然乍一看，这是一种相对简单的格式，但 GIF 的特殊之处，在于它能用短短几秒钟讲述一个小故事。

　　GIF 还在流行文

化里给自己开辟了一席之地，把持了一个独特的小空间。想一想模因里常见的笑话，或是闹剧式幽默里常出现的动作：脸上扣着奶油蛋糕，小狗追逐自己的尾巴。GIF 能在几秒钟里捕获滑稽和有趣的时刻，为优秀的照片和视频架设起连接的桥梁。最终结果是它们让人上瘾，消费者一遍又一遍地分享和观看 GIF。

尽管 GIF 已成为流行文化的宠儿，但仍给企业留下了充分的创新空间。在圣诞假期，可口可乐公司把"圣诞节的 12 天"变成了"GIF 的 12 天"，在自己的 Tumblr 博客塑造了一个季节性的故事。受流行博客"What Should We Call Me"的启发，HBO 电视台的《衰姐们》(*Girls*) 节选了节目里的种种时刻和主题，创作了 GIF。

虽说 GIF 图有着令人难以置信的潜在创造力，但只有 Tumblr、Google+、博客和网站等特定平台才支持这一格式。它尚未突破Facebook、Twitter 和 Pinterest 等平台的限制。BuzzFeed 和 Mashable定期发表搭配 GIF 作为创意手段的综合性文章。因此，GIF 是否能在主流社交网络上成为真正的大热门，似乎不是问题。[*]

信息图表

信息图表把数据和视觉效果的精华整合到一起，变成故事。信息图表以可视化形式展现信息，帮助企业突出要点，同时用便于分享的方式打包内容。Facebook、Twitter、Google+ 甚至 Pinterest 等社交网络平台都能分享、理解信息图表，Pinterest 甚至架设了专门分享最佳图表的板块。如果设计得当，信息图表可以强化思想的领先地位，教育目标受众，优化搜索引擎排名。

信息图表的美妙之处在于，它们可以围绕任何话题的不同数据

---

　*　中国国内所有主流社交网络平台都支持 GIF 格式。——译者注

Pinterest

营销人员应当跟踪的指标：
由BRANDERATI和ShareRoot携手为您献上

BRANDERATI　ShareRoot

接触人次
来自你品牌网站的"钉"，每天在Pinterest上得到多少次浏览。

"钉"的到达率
来自你网站上的"钉"，每天在Pinterest上有多少人看到。

点击量
来自你品牌网站上的"钉"，每天得到多少次点击。

最新状态
这一"钉"消息源表明近期有哪些"钉"源自你的品牌网站。

每次"钉"（pin）的平均"重钉"（repin）次数
基于你品牌先前的历史参与度，每次"钉"带来的平均"重钉"，次数界定的是，你的品牌能得到多少次"重钉"，平均能得到多少次"重钉"。

每次"钉"的平均点赞次数
基于你品牌先前的历史参与度，每次"钉"带来的平均点赞，次数界定的是，你的品牌每次发起一次"钉"或"重钉"，平均能得到多少次"赞"（like）。

每次"钉"的平均评论次数
基于你品牌先前的历史参与度，每次"钉"带来的平均评论次数界定的是，你的品牌每次发起一次"钉"或"重钉"，平均能得到多少条评论。

二级关注者平均人数
二级关注者平均人数表明你的品牌关注跟你的品牌关注者群体的联系怎样。具体而言，也就是你的品牌的每名关注者平均有多少关注者。

重钉次数最多

这一"钉"消息源表明源自你的品牌网站的"钉"被"重钉"的次数最多。

最多点击

这一"钉"消息源表明源自你的品牌网站的哪些"钉"得到了最多次的点击。

顶级粉丝和最具影响力的人

罗列出关注你的品牌且最具影响力最大、人脉最广的Pinterest用户。

最佳"钉"

源自你的品牌网站且有着最大参与度的"钉"。

最佳互动

Pinterest上跟源自你的品牌网站的所有内容的"钉"的总互动。

关注者参与度

关注者参与度表明你的品牌的关注者有多大比例有望参与你发起的每次"钉"或"重钉"。

短期关注参与度

关注者参与度的近期概况。短期关注者参与度会出现快速的波动,用它测量你的品牌Pinterest策略最近一次的调整最为合适。

到达率

到达率说明的是每次你发起"钉"或"重钉",品牌预期能从这一新闻源抹得多少接触人次。

速率

当前你的品牌每周发起的"钉"或"重钉"的平均数量。这个指标是很好的工具,可检验品牌每周应该发起多少次"钉"才是最理想的次数。如果修改速率,并让它在这一速率上保持稳定,还可以借助短期关注者参与度指标来判断新近发达速率改动是否为品牌带来了更多的参与。

点进行设计。从 Google 怎样分析绿色技术的发展，到如何在僵尸大爆发（如果真有这么回事的话）中生存下来，只要能拿到真实有效且信得过的数据，信息图表就有潜力可挖。

在有些情况下，信息图表并未围绕数值性数据构建。相反，它们着眼于分享专家信息，比如操作步骤、技巧和品质（如你最喜欢的冰激凌口味透露了有关你的特点）。它们还可以以视觉形式与受众交流一个包含前十名的排行榜。

BRANDERATI 与 ShareRoot 合作设计的一套信息图表，很好地说明了以下这两个特点：可视化，有用。它罗列了品牌营销人员应该在 Pinterest 上关注哪些有意义的指标，并对每一指标做了解释。

如果读者需要更多的例子，可访问 visual.ly 等网站，在这类网站上，设计师和企业会分享自己创建的信息图表。

视频

说到视觉营销，视频的力量不容否认。视频为企业提供了一种突出自己的可信方式，其原因也很充分。视频可以有趣，可以用于教育，可以带来灵感，可以让人吃惊，可以激励，可以暖人心扉。它是切合个人的，能吸引关注，用其他媒介做不到的方式掀起观众的共鸣。花旗银行的资深副总裁弗兰克·伊莱亚森（Frank Eliason）说："我们更愿意信任人，而不是企业标志。而视频是大规模这么做的最佳方式。"[7]

自 2005 年创办以来，YouTube 一直是视频的最大集散地——2013 年的每一分钟里，就有 100 小时的视频上传，较之 6 年前增加了 100%。[8] YouTube 上有长度各异的视频，因其视频内容丰富，在搜索引擎 Google 上排名第二，备受敬重。[9] 有了 YouTube 等网站开路，视频的力量不断演进，企业可以用更简单、更快捷、更具成本效益的方式制作视频，消费者参与度也随之得到调动。根据消费者注意力持续时间和偏好，Vine、Instagram、Kik 和 Viddy 等应用程序演化出了短视频。这些应用程序只能用于移动设备，意在实时拍摄分享短视频。Pinterest 和 SlideShare 等网站现在也允许用户发布视频。因为企业众包用户生成的视频内容需求，Tongal 等平台应运而生。

视频平台大受欢迎，又形式众多，为接触大量人群、留下持久印象创造了绝佳的机会。为了利用视频与客户建立更深层次的关系，企业必须针对目标受众需求调整视频目标。公司不应该害怕彰显个性。不管视频制作得如何精美，如果你的目标受众没有找到有价值的信息，他们就不会看，也不会分享这些内容。从选择何种类型到发布在何种平台上，视频内容的制作也需要统一策略。这种策略可以根据希望传达什么样的信息、视频长度、消费者的关注点、公司拍摄与实时分享的能力等来决定。

从依云矿泉水（Evian）的"跳舞的宝宝"到男士美容用品"老辣"（Old Spice）的"猛男"系列视频*，各企业成功地拓展了原本就极受欢迎的广告活动。当"江南 Style"和"哈莱姆摇摆舞"（Harlem Shake）等音乐现象像病毒一般流行开来时，一些公司也加入进去，拍摄恶搞视频。公司还利用视频与名人或电影现象合作，比如品客薯片（Pringles）与《星球大战》联手在粉丝中发起了一场众包视频大赛，宣传"快乐原力"（The Force for Fun）。

视频也可以帮助企业在重大事件期间让粉丝参观幕后情形。例如，时装零售商 TopShop 与 Google 合作，从模特的视角直播 AW13 时装秀。模特的衣服下藏着微型摄像机，观众可以看到、感觉到在一场大型时装秀活动中走在 T 台上是怎么一回事。TopShop 也用

---

* "老辣"在 3 天内推出了 100 条长 20 秒的视频，获得了超过 2 000 万的点击。——译者注

Vine 来分享时装秀里的点滴时刻，呈现独家幕后视频内容。

公司还通过视频与受众沟通重要的平台或鼓舞人心的使命。多芬（Dove）在"真正的美人速写"（Real Beauty Sketches）视频中，要女性向法医学画家描述自己的面部特征。多芬又请最近见过同一位女性的陌生人，向画家描述前者的面部特征。最后，妇女们看到两张截然不同的照片，生动地说明了人如何看待自己是多么重要。这个鼓励信心、让人感觉美好的故事极其有力，广为流传，YouTube 上的浏览和点击量达到了 5 600 万次。[10]

视频内容的不断发展，再加上实时拍摄和流媒体的新方法不断出现，为我们展现了光明的未来。努力寻找资源、界定视频策略的企业，应该投入这一波波创新、平台和工具涌现的浪潮。这一趋势表明，将视频结合到你的视觉营销计划中去会变得越来越容易、越来越天衣无缝。

演示文稿

社交网络和网络媒体重塑了我们对演示文稿的看法。演示陈述不再仅仅是会议、演讲、商务会谈的专利。演示文稿成了一种排版、内容高度可视化且文本简约时尚的艺术形式。演示文稿采用幻灯片导航，凭借创意的标题、精心设计的信息流，带来了全新的动态视觉营销机遇——而且还不需要讲演者。

演示文稿可以放在公司网站、博客或 SlideShare 等平台上，这类平台本身就有大量的关注者，也让在多个热门社交网络上的分享更加便利。演示文稿的灵感可以来自任何地方，包括高管演讲、博客内容、在线研讨会、案例研究、白皮书、信息图表、新产品发布、使用指南、列表、公司活动等。

在寻找新的演示文稿设想时，关键就是要进行创造性思考，倾听你的社区中的声音。绝大多数人是视觉型学习者，所以，不妨把你的演示文稿看成是建立人际网络、进行思想领导、调动消费者参与的机会。在高度可视化的格式中，你该怎样找到重点去激励观众、给他们带来灵感或开展教学呢？想想你的社交网络和客户服务团队经常碰到的人们会提出哪些问题，或者，为激励员工而召开的内部讲演活动上会有哪些问题出现。利基市场统计数据、报价、事实等要素的聚合，也能成为目标受众的宝贵

资源。幽默感也可以用到演示文稿当中，比如 HubSpot 的"12 个可怕（但有趣）的职场"、GoToMeeting 的"极客们是好伴侣的十大原因"等。

这本书的合著者叶卡捷琳娜·沃尔特在推广自己的第一本书《像扎克那样思考：Facebook 天才 CEO 马克·扎克伯格的五个商业秘密》（*Think Like Zuck:The Five Business Secrets of Facebook's Improbably Brilliant CEO Mark Zuckerberg*）时，以视觉形式收集了马克·扎克伯格的 12 条最著名引言。这份演示文稿得到了大量浏览，登上了 SlideShare 的主页，截至目前共得到 97 000 次独立浏览，而对此作者没有花一分钱的宣传费。

为了让你的演示文稿显出特色，请花些时间为企业构思一套设

计美学和声音。确定你想要展示公司哪方面的个性，再加上你希望讲述的重点故事。一定要记得为演示文稿创建故事板，让每一幅幻灯片都为整个故事提供关键的支点。

最优秀的演示文稿大多采用干净、浅显易懂的布局。你的排版布局、文本和视觉效果要和谐，而不能彼此跳脱，争抢注意力。SlideShare 的演示文稿平均有 19 幅幻灯片和 19 张图片，意味着每幅幻灯片只对应一张图片。[11] 每张幻灯片里平均包含 24 个单词，意味着它们的重点都是高度浓缩、冲击力强的统计数据、言论、引言或视觉元素。[12] 还有一点很重要：最后一张收尾的幻灯片，要打上你公司的标志，并鼓励观众分享、发电子邮件、关注你的社交网络渠道。

随着不断有公司拜倒在视觉内容的力量下，把不同的故事、设想和公司放进演示文稿，将成为你的宣传推广军械库里一套宝贵的工具。

聚合软件

网络和社交网站上的内容这么多，很容易叫人不知所措，不知道最值得分享的内容来自哪些源头。为了回应川流不息的内容，聚合软件蓬勃发展，帮助个人和企业整理、分享重要信息。聚合软件能实时提供切题的内容，根据你公司的兴趣点进行策划。尽管许多聚合软件以链接为基础，视觉内容的兴起还是令适应图像、视频格式的聚合软件应运而生。

Paper.li 是一套好用的免费工具，它能抓取来自互联网的文章、照片和视频，在几分钟之内创建好一份可视化网络报纸。公司可以把自己发布在 Facebook、Twitter 和 Google+ 页面上的内容以及热门的报纸都放进去。软件将根据你所在的公司和行业此时感兴趣的主题传送相关内容。你可以利用重大事件的 hashtag 来设计一份定制的 Paper.li，里面放入所有重要的推文、照片、视频和博客内容，使之成为一份可在事后分享的便携"外卖"。如缴纳一定费用的话，该软件还可提供定制性更强的账户。

　　以下是叶卡捷琳娜的 Paper.li 数字报纸《社交网络每日新闻》，它每天自动派发给她的 Twitter 关注者，充当日常 Twitter 谈话的有趣主题，对作者而言，也是一种构建关系的绝妙工具。

　　RebelMouse 是另一种免费的聚合工具，它把你

在社交网络上的所有活动联系在一起，并在个性化网站上，采用类似 Pinterest 的方式，生成高度可视化的直播流。可整合的选项很多，只要你想得出来。你应该能找到好办法把它放到你的 RebelMouse 站点上。RebelMouse 列出的选项包括 RSS 提要、自定义标签（custom hashtags）、Twitter、Facebook、Google+、Instagram、LinkedIn、Tumblr、Pinterest、YouTube 账户等。软件本身免费，只不过你的域名会是 www.rebelmouse.com/username。付费的话即可购买定制域名。

在企业空间，聚合软件旨在提供并分享用户通过品牌内容生成有趣内容的无缝体验。区别在于，定制的内容能够从多个在线、离线平台（网站、Facebook tab、电视、手机网站、数字屏幕等）进行实时采集与整合。MassRelevance 和 Postano 是两大主要供应商。两者都能帮助企业创造平滑的品牌体验，从各大社交网站和互联网资源中采集视觉内容与对话。最终的目标是，让企业的粉丝通过可分享的、持续的视觉元素流讲述品牌的故事。

比如说，使用 MassRele-vance，百事可乐把自己的主页变成了交互式流行文化仪表盘，并使用动态主题，主题里都是来自社交网络的粉丝们生成的图片。

2012 年，英特尔迈出了更远的一步，推出了名为 iQ 的数字杂志，优先针对移动平台推出，内容由员工策展。它聚合了来自互联网的最精彩的技术故事。它的外观类似 Flipboard，聚合内容像 Reddit，提供的新闻视觉上又像是 Newsmap。作为一个关键品牌，英特尔几乎触及了现代技术世界里的每一个部分。有鉴于此，iQ 的编辑策略是叙述有可能遭到忽视的触及点，或是从英特尔的视角讲述各地的创新故事。

除开这一"品牌发布商"的做法，英特尔的 iQ 杂志还迅速把自己变成了更广泛的"品牌发布网络"的一部分。iQ 和 PSFK、

BuzzFeed、Vice 等平台合作，把原创和再创的内容放到了各大网络发布平台，也放到了 Flipboard 和 Zite 等触点上。英特尔还在 Outbrain 和 Sharethrough 等付费发布服务平台上使用这些内容。

　　iQ 已成为英特尔社交内容和策略的枢纽核心。一旦内容落入 *iQ*，就成了一种可针对英特尔控股社交产业（如 Facebook、Twitter、Tumblr）进行优化的形式。公司越来越多地将之整合到付费媒体中，并有意在 2014 年将它推广到全球主要市场。

　　伴随着视觉营销的崛起，有望看到内容聚合软件世界出现各种工具和服务商。跟踪监控多种社交媒体渠道、电子邮件订阅服务、RSS 订阅源等素来是个很大的挑战，这就必然带来以视觉形式自动传送相关内容的需求。对企业来说，重点将转为对内容的策划，而不再是把所有外包内容整合到一个地方。归根结底，运用社交网络，就是运用你的社区的力量，带给受众的体验必须人性化，而不是自动化。企业越是能利用聚合软件发现鼓舞人心的视觉内容，点燃参与和对话的火花，效果就会越好。

视觉营销所用的图像类型

照片

- 人们有机会把任何时刻都变成一张照片。

- 人们在社交网络平台分享的照片，说明了什么事情对他们重要，以及他们认为什么事情值得与人分享。

- 精心制作的照片对企业来说并不是新的东西；对社交网络友好的图像能带来即刻的响应！

- 在社交网络上，用户寻找现实的照片、与品牌一致的图像。

图表和绘画

- 用图表和可视化方式展示高技术产

品，是比较好的选择。

- 许多人都是视觉学习者，对表格、图表和数字的反应更好。

- 在某些情况下，便于阅读的视觉元素能让信息变得更容易消化、分享。

用户生成的图像

- 协作营销可以深化与消费者的关系。

- 可开发一套用户生成图像的程序。

- 当消费者成为整个过程的一部分时，协作营销程序便有可能涌现令人惊异的图像。

- 协作营销造福了客户，也造福了企业。客户可以看到自己的图片得到粉丝的喜爱，企业则了解到能激发客户的动机是什么。

拼贴画

- 多幅图片和图片集合有时比光用一幅图能更好地讲述故事。

- 这是一个简单的概念！很多时候，

把他人分享的数十幅甚至数百幅照片、图像结合起来，有助于讲述视觉故事。

- 多幅图像带来了凸显企业、产品或事件不同特点的创意机会。

叠加文本的图片：标题、引用和统计数据

- 这样的做法能高效、轻松地提升传统图片的效果。

- 它们也是确保图片标题免遭误解的好办法。

- 少量的文本、俏皮话、引言或统计数据，能够极大地帮助视觉营销。

明信片和电子贺卡

- 明信片没有死！它们已经被互联网改造成了一种把照片和文字整合到一起的方式。

- 电子贺卡分享度极高。不管是在Pinterest 等社交网络平台，还是在品牌的营销活动当中，电子贺卡都是进行独特叙事的好机会。

字符画（指用字符构成的图画）

- 文字也能变成图像！

- 借助 WordPhoto（iPhone/iPad 应用程序）和WordCam Pro（安卓应用程序）等工具，可以把口号、流行语等变成富有吸引力的视觉图像。

模因

- 模因指的是人与人之间传播的想法，它们可用来传播文化信息。

- 模因可以是各种便于分享的笑话、短语、概念、图像、视频或流行文化。

- 流行模因有如下例子："我可以要个芝士汉堡"、"成功孩子"、"潮人爱丽儿"、"单身蛙"等。

- 品牌已经开始利用模因充当提升知名度和社会认同的工具。

卡通漫画

- 卡通漫画是一种强大的视觉营销工具，因为它们将艺术性、迷人

性和幽默性合而为一。

- 众所周知，卡通漫画能以有趣的和令人愉快的视觉方式传播故事。

- 卡通漫画可以触发品牌认知度，引起人们的怀旧情绪，是一种诱人的营销媒介。

- 卡通漫画的灵感可以来自客户、流行文化、推广活动、有趣的事实、产品，或者其他任何地方！

GIF

- GIF（图像互换格式）可以把多幅图像或从视频中截取的静态帧变成一幅动画。

- GIF 是视觉营销的好榜样，因为它能用短短几秒钟讲述一个小故事。

- GIF 是介乎于照片和视频之间的一种媒介，能迅速捕捉到有趣的时刻。

信息图表

- 信息图表能以视觉形式再现信

息，把数据和视觉元素整合到一起来讲述故事。

- 信息图表能够高度视觉化地突出关键要点，并便于分享。

- 它们遍布 Facebook、Twitter、Google+ 和 Pinterest 等各大社交网络。Pinterest 的所有板块都可使用信息图表。

- 设计合理的信息图表能影响思想的领导地位，教育目标受众，优化搜索引擎排名。

- 信息图表用途极多，可以针对任何话题的数据进行设计。

视频

- 视频帮助企业和品牌接触消费者，其他视觉媒介则无可匹敌。

- 视频可以讲述一个有趣、激动人心、个性化、感人的视觉故事，也可以凸显产品、想法或品牌形象。

- 对企业来说，YouTube 网站能够越来越方便、更具成本效益地创造并与消费者分享视频。

- Vine、Instagram、Kik 和 Viddy 等社交应用为短视频提供了传播出口。

- Pinterest 和 SlideShare 等网站现在也允许用户发布视频。

- 众包用户生成视频平台，如 Tongal，也产生了需求。

演示文稿

- 演示文稿越来越视觉化，也不再仅限于会议室使用。

- 今天的演示文稿是高度视觉化、艺术化、动人心弦的。

- 演示文稿逐张幻灯片地罗列信息，信息有序流动，使用创意标题，这样的发展趋势令得演讲者不再是必需配备。

- Slideshare 等平台、公司网站和博客为分享演示文稿、构建社交关注提供了机会。

- 创意演示文稿的灵感可以来自任何事情，如高管演讲、博客条目，它也是以动态方式讲述视觉故事的机会。

视觉营销的七要素

视觉营销类似于人们彼此之间发展联系，它为企业带来了提供建立品牌知名度、信任、忠诚和活跃社区等积极体验的有意义机会。

为了设计、执行成功的视觉营销策略，营销人员必须关注以下要素：

1. 设计
2. 个性化
3. 有用性
4. 人情味
5. 叙事
6. 分享价值
7. 实时放大

拥抱视觉形象

说到视觉营销的设计元素，各家企业在有才华的艺术家和摄影师的帮助下策展了绝佳的图像，这一点相当鼓舞人心。美国路虎公司在这方面做得极其出色，尤其以 Tumblr 博客上的"路虎之旅"（http://tumblr.landroverusa .com）为代表。"路虎之旅"展示了种种华丽的照片（如一头美丽老虎的"凶猛"照片），这些图像合在一起，就是为了让路虎品牌针对自己的目标受众（热爱户外探险的浪漫冒险人士），讲述后者梦寐以求的故事。

图片由摄影师杰·特立尼达（Jay Trinidad）拍摄，凸显了鲜明有力的视觉形象有多么吸引人，它为汽车的整体品牌增光添彩，却无须额外的文字描述。比方说，车身前方高度风格化的咆哮老虎形象，既说明了车辆本身的素质和豪华，又暗示了这款高端汽车拥有如同老虎一般的内在实力。Tumblr 上的帖子确实包括了文本来解释其"凶猛和无畏"，但通过图像已经明确传达了这一点。

个性化，不要同质化

视觉营销的另一个重要主题是按平台展示个性化内容。在多个平台上播撒相同内容的日子一去不复返了。社交网络的领头羊们针对每一类平台的不同特点和能力，鼓励使用不同类型的参与和营销方式。

通用电气公司就是在不同平台上采用特色视觉营销策略的好例子。无论是 Facebook、Tumblr、Instagram、Pinterest、Vine 还是 YouTube，它都设计了不同的内容，但其追求科学、技术和创新的主题则始终保持一致。从 Pinterest 上可以看出通用电气展示视觉内容的一种独特做法，它设立的板块极具创意（http://www.pinterest.com/generalelectric）。各板块以鼓励人们建设世界、打动世界、治愈世界，为世界提供能量，标题包括"坏蛋机器"（Badass Machines）、"通用电气激励我"（# GEInspiredMe）、"想法 = 力量"（Mind = Blown）等。在一个名为"嘿，姑娘"的板块中，甚至能找到一些极客式小幽默，比如分享托马斯·爱迪生的恶搞段子。

要有用

为发挥各社交网络平台的优势，确保自己的视觉内容有用是企业应该迈出的第一步。然而，个性化本身并不一定意味着内容有用。通过社交网络监听，广泛汲取各界意见，可以帮助企业变得更有用、更切题：寻找关键主题和趋势，并围绕其设计视觉内容。社交网络监听还可以帮助企业更好地理解消费者的动力是什么，什么更能促使其采取行动（分享、参与或购买）。

全食公司（Whole Foods）很好地说明了怎样才能对消费者有用又切题，同时还能超越这一境界。该公司拥有超过 600 个社交网络账户，横跨各个国家、各个门店。当地门店的任务是针对本店现状和所供产品设计相关内容，这些内容大部分以视觉形式发布在 Facebook、Pinterest 和 Instagram 等站点上。在国家的层面上，Pinterest 等网站更能表现全食公司的有用性（http://www.pinterest.com/wholefoods）。当然，不要想当然地以为，一家杂货店提供菜谱内容就能为消费者带来价值。然而，全食超市因为其独特的价值共创方法，成为了 Pinterest 上的领头羊。

在 2013 年 SXSW 的"视觉之声"环节，全食公司的社交网络总监娜塔妮亚·安德森（Natanya Anderson）介绍了他们的经验：针对每一"钉"，全食公司都会"重钉"5 件来自他人的事情，以保证自己能够恰如其分地提供内容源头并给予赞许。全食公司还参与了价值共创：让不同主题的专家来帮忙"钉"出有价值的内容。因此，Pinterest 为全食公司官方网站（WholeFoodsMarket.com）带来的流量，超过了其他所有社交网络渠道。在经验分享活动中，安德森还说，Pinterest 上 1.1 万名关注者带来的价值，比 Facebook 和 Twitter 两者加起来还高 15 倍。例如，Pinterest 上最受欢迎的一道意面菜谱，得到了 6.8 万次"重钉"，为全食公司网站的菜谱栏目带来了 4.4 万次浏览。[13]

有人情味

除去有用性，给视觉营销内容加入人情味的话表现会更好。人情味的意思是，要让自己感觉更像是朋友，而非企业。朋友有独立的性格，重视友谊关系，分享自己的经验，知道什么时候该倾听，什么时候该严肃，什么时候该有趣。人情味的意思，就是不要指手画脚地说"买这个"。不要直接在社交网站上进行推销，企业需要弄明白，人们是怎样跟朋友讨论、推荐一种产品或服务的。要评估知名的有影响力人士、超级粉丝在为你的公司创造可信赖视觉内容时的最佳实践，并学习其经验。很有可能，你会发现信任的产生，不光是因为他们的声望，还因为他们在讨论、分享产品特点的时候采用了一种便于理解的亲和态度。

同样重要的是，要跳出人们对你公司的表面言论，理解他们还看重些什么。弄清是什么样的问题、事业和利益对他们重要，什么东西能成为他们的出发动机。举例来说，如果你的客户群热衷于体育或娱乐，那么内容可围绕重大演出、赛季等来策划。这么做才算是讲究策略，因为人们上社交网络不是为了听公司宣传。他们上Facebook，是为了看表亲的度假照片，或者别人发布的生日聚会照片。人情味也意味着能配合，所以，站在公司的角度，你的目标是要趁着人们上社交网络平台更新状态、发布照片等等行为的空当，策划出受人欢迎的插入性视觉内容。

要展现公司更多的人情味，有一种方式是把社区用户生成的内容放在焦点环节上。运动品牌露露柠檬（Lululemon）在推广活动 #TheSweatLife（http://thesweatlife.lululemon.com）中，鼓励客户在 Twitter 或 Instagram 上分享自己怎样挥洒汗水，换取出现在公司网站或官方社交网络渠道上的机会。它借助了一种叫作 Olapic 的服务，该服务提供一款软件，可用于收集用户在 Facebook、Twitter 和 Instagram 上生成的照片。自然，这些照片都把露露柠檬的服装放在画面的重点位置上，但公司采用的方式为品牌附加了人情味，而且突出了那些过着积极、健康生活的人。露露柠檬可以设计大量鼓舞人心的视觉内容来推广自己的品牌，但是看到真正的人穿着公司的服装过着自己的生活，却更能打动旁观者。人们可以看到衣服穿在不是模特的真人身上是什么样子。他们还可以从这些图像中寻找搭配的灵感、健身的技巧，等等。露露柠檬的数字及品牌战略副总裁南希·理查森（Nancy Richardson）在采访中谈到，该宣传活动于 2012 年秋季推出，到 2013 年春，有 2.6 万多人在 Instagram 上使用 #thesweatlife 标签，露露柠檬的网站则获得了 200 多万的页面浏览量。[14]

要讲故事

迄今为止，所有视觉营销的案例都证明，在成功的视觉营销策略中，内容的叙事元素跟视觉元素的应用同等重要。故事可以来自各种地方，公司价值观也好，人们喜欢你的产品或服务也好，关键里程碑也好，甚或任何即时相关的东西，都可以。例如，在奥利奥的"每日一扭"（Daily Twist）宣传活动中，公司用 100 张灵感来自当下流行文化的诱人图片来庆祝自己的 100 岁生日（http://www.pinterest.com/oreo/daily-twist）。它庆祝的假日和特殊场合包括：全国学海盗话日、西裔传统月、火星探测器着陆，等等。品牌展示的每一条内容都不同，但创意主题是一样的：对较长时期出现的流行文化事件或假期进行独特"反转"，给它增添叙事元素。这次推广活动最终得到了来自全球的赞许和奖励，并且重新定义了用户对奥利奥品牌的观感和态度。

你所做的每件事都值得分享

规模各异的公司和品牌都在寻找类似的视觉营销机会，用这些神奇而具有冲击力的创意击中自己的消费者。可口可乐采用的方法是这样的：让自己所做的每一件事都值得分享。温迪·克拉克（Wendy Clark）是可口可乐公司的资深副总裁，负责整合公司的所有营销沟通及活动。她对《财富》杂志说："对可口可乐而言，在Facebook 全体 10 亿多用户的社群里，我们的 Facebook 粉丝跟所有人都只有一步之遥。所以，如果我们做好自己的工作，策划出有用、有趣、打动人又值得分享的内容，粉丝们就会自动加入我们的销售队伍。"[15]

克拉克还鼓励公司把客户当成会讲故事的营销人员："根据直接受众和最终受众原理，我们越来越多地把所有利害相关者等都看做讲述故事的营销人员，而不再把他们当成内容的接收方。"[16] 克拉克指出，有关可口可乐品牌的对话，80% 都来自客户，这带来了共同创作的机会，而不是单纯地推出信息，并指望受众接受。

可口可乐发起的 #BestSummerMoment 活动，可以说明它怎样把客户当成会讲故事的营销人员。可口可乐通过一个托管的微型网站，以及公司的 Facebook、Twitter 和 Instagram 等社交网络渠道，鼓励客户分享自己难忘的夏季一刻。为鼓励粉丝，可口可乐在微型网站和社交网络渠道上分享部分最优秀的照片，外加为一些幸运参与者提供特殊奖品，借此开拓更多精彩的夏季一刻。在#BestSummerMoment 的整个宣传活动期，公司利用社交网络渠道收集到各种难以置信的照片，包括新婚夫妻在蜜月里喝着可口可乐的照片集等。用户提交的许多照片都具有极高的分享性，它们讲述了独特的情感故事，对可口可乐品牌给予了正面的反应。

活在当下

消费者要浏览海量的视觉及视频内容，由此带来了许多实时互动和参与的机会。回想一下前言部分叶卡捷琳娜和贝芬的例子：有一天她过得很辛苦，而公司迅速用推文为她推去了一张赞许的图片，让她绽放微笑。构建内容丰富的图片和视频库，并进行实时分享，为企业提供了增加实时附加值的大好机会。我们将在第4章深入探讨相关的挑战和机会（即你该怎样预测所需的内容类型）。

除了日常对消费者的调动，时事领域也可应用"活在当下"原则。从当天的新闻、传统和古怪的假期，或者病毒般流传的模因，拉扯话题的东西从来不少。关键是要与公司的价值观相吻合，发挥你的优势。哦，对了，永远、永远别借用悲剧性事件来营销你的品牌。举例来说，2013年4月，全世界的目光都集中到波士顿马拉松爆炸悲剧上，福特汽车公司的全球社交网络负责人斯科特·蒙蒂（Scott Monty）发推文说："如果你为品牌管理社交媒体，最好在此时停止发布一切无关帖子。"停止原定沟通计划，只发表为波士顿悲剧哀悼的信息，这样做的企业都得到了回报。而那些借惨剧之机继续营销的企业，则丢失了粉丝，并且声誉受损。

2013年2月，波士顿遭遇大规模暴风雪袭击，此时出现了一个即时表示关注但不借机促销的例子。人们被困在家里的时候，波士顿地区的两支运动队，新英格兰爱国者队和波士顿红袜队，对内容日历作了修

STATS

根据 BuzzFeed 提供的数据，每分钟有 208 300 张照片发布到 Facebook 上，27 800 张照片分享到 Instagram 上，510 000 张照片在 Instagram 得到点赞，100 小时的视频被上传至 YouTube。[17]

订，着眼于人们此刻最关心的话题——暴风雪。波士顿红袜队的吉祥物——绿色怪物沃利，站在芬威球场上铲着齐腰深的雪；新英格兰爱国者队则展示了粉丝们穿着球队装备的照片，两支球队都以相关和有趣的方式实时更新，但不搞宣传。球队向粉丝们展示自己也在玩雪，在雪地里玩耍；而如果粉丝参与并给予积极评价、分享自己的内容，会得到球队的回应与奖励。波士顿红袜队对沃利铲雪的照片发表推文说："沃利还在铲……你们呢？"

　　下一章，我们将深入探讨每一种社交网络，介绍它们的相关技巧和对案例的研究。在第 4 章，我们会指引你绘出视觉营销的路线图，并向你展示如何执行并实现它。

平台的力量：社交网络上的视觉营销

在当今信息消费的世界，我们被各式各样的媒体包围，以高质量的内容抓住受众注意力成为了一件重要性空前的事情。大脑处理视觉内容比文本快 6 万倍[1]，也难怪营销人员越来越多地借助强烈的视觉内容来调动受众，以保持其注意力。

社交网络能让品牌更轻松地与客户建立联系，不光靠文字，也靠照片、视频、信息图表和其他图像。本章将说明，视觉营销在品牌的社交网络策略中扮演着什么样的关键角色，以及它对参与度和销售的影响。希望与客户保持联系的营销人员，越来越多地用视觉媒体代替文字，并通过分享、点赞和评论来放大自身的信息。

有太多的公司选择在社交网络上采取地毯式轰炸的宣传方法。它们在所有渠道上以相同的方式分享相同的帖子，然后还质问自己的关注者为什么不跟自己发布的内容互动。社交网络上没有放之四海而皆准的解决方案：每一种网络都有独立的个性和受众。为最大

普通成年人的注意力持续时间介于 2.8 ~ 8 秒之间；营销人员需要迅速、有效地传达信息。[2]

55

受众中有些人不希望单纯地接收你的发布：他们想成为对话的一部分——并感觉到你在倾听。

化地利用你的社交网络渠道，你需要创造强有力的内容，然后用它展开适合该网络的对话。

在这一章，我们要来看看怎样最大化地利用部分最热门的网络分享视觉内容：如何利用内容调动受众，如何根据你的宣传活动设计内容，如何让你的品牌从喧嚣中脱颖而出。

社交网络的发展，进一步推动了传统营销的消亡，因其渠道众多，也令我们的注意力越来越分散。我们会举出一些例子，看看最成功的品牌怎样利用社交网络的视觉优势，吸引并保持受众的注意力。

Pinterest

社交网络竞赛里的黑马无疑是图片社区网站 Pinterest。表面上看，Pinterest 是一个异想天开的"钉图板"，成员们围绕主题分组，分享自己最喜欢的图片和照片。用户可以关注钉图板或整个列别，在自己的板块上重钉图片，添加评论或点赞。

STATS

有关 Pinterest 的事实和数据

- 这一图片共享网络由爱荷华州的本·希尔伯曼（Ben Silbermann）创办，2010 年 3 月上线。

- 到 2011 年 8 月，它便荣登《时代》杂志的"2011 年 50 个最佳网站"排行榜。

- 2011 年 9 月至 12 月，该网站的独立访问者暴增 400%，CNN 称 Pinterest 为 "2012 年最热门的网站"。

- Pinterest 如今带动的链接流量，比 Google+、YouTube 和 LinkedIn 加起来还要多。[3]

- Pinterest 的用户群仅为 Twitter 的 7%，但该平台发送的总推荐链接流量比 Twitter 还要多。[4]

- Pinterest 的用户数量仅为 Facebook 的 1%，但发送的流量占 Facebook 的 13%。[5]

- 80% 的用户是女性，最热门的主题是生活方式、爱好、工艺和设计。[6]

- Pinterest 的用户中 50% 有孩子。[7]

- 到 2013 年 2 月，Pinterest 拥有了 2 500 万用户。[8]

- 丝芙兰表示，他们在 Pinterest 上的关注者比 Facebook 粉丝的消费额高 15 倍。[9]

- 82% 的与时尚和零售相关的图片是社区用户所钉，品牌自己的钉只占总内容的 18%。[10]

- Pinterest 上 70% 的品牌参与是用户生成的，而非品牌。[11]

- 时尚和零售界的顶级品牌发布的每一次

钉，平均可以得到 46 次重钉。[12]

- 使用 Pinterest 的美国消费者在该网站上平均关注 9.3 家零售商。[13]

- Pinterest 上包括了价格的钉，得到的点赞比不包括的多 36%。[14]

- 较之普通美国人，当了妈妈的女性访问 Pinterest 的概率要高 61%。[15]

- 81% 的美国在线消费者信任来自 Pinterest 的信息和建议。[16]

- Pinterest 占了 25% 的零售推荐链接流量。[17]

- 超过 80% 的钉都是重钉。[18]

- Pinterest 用户平均每月在网站上花 98 分钟，相比之下，他们在 Tumblr 上花 2.5 小时，在 Facebook 上花 7 个小时。[19]

- 在总计 1 700 万次的品牌参与中，15% 发生在该品牌的板块，85% 发生在 Pinterest 的其他地方。[20]

- 钉客们 83.9% 的浏览时间是在钉，15.5% 用于点赞，只有 0.6% 用来写评论。[21]

- 57% 的 Pinterest 用户会跟有关食品的内容互动，这是所有内容里的第一大类别。[22]

短短几年，Pinterest 迅速崛起，这表明，该网站不仅仅是有关时尚和生活方式的漂亮社区。营销人员最看重的是 Pinterest 的消费勘察能力，因为该网站的产品网络点击量证明了它符合营销意识。根据 Shareaholic 进行的一项研究，该网站如今带动的推荐链接流量，比 Google+、YouTube、LinkedIn 三者加起来还多。[23]

尽管 Pinterest 以照片出名，但你也可以钉信息图表、漫画、画作或者短小的视觉引言等。你同样可以添加视频，许多公司都开始利用视频来发布简短的教程和使用指南等。

图片和视频占据了 Pinterest 爽快、干净的界面。点击用户资料时，你会看到他（她）的主题板块全都排列得漂漂亮亮。每个板块都包含有许多钉，而这些钉都可以得到评论和点赞，但跟图像比起来，文本绝对居于次要地位。

"Pinterest 价值 20 亿美元，因为它的 2 500 万用户是富裕的女性，喜欢花钱。"[24] 这一标题来自《商业内幕》(*Business Insider*)，准确地总结了精明的营销人员早已知悉的事实：最受追捧的消费者群体，即女性，尤其是家庭主妇，在 Pinterest 上花越来越多的时间，她们视之为在线购物的一条途径。没能出现在该网站上的品牌就等于出局了，从销量意义和潜在新客户人口统计资料上看均是如此。

虽然 Pinterest 主要针对生活方式和时尚产业，但它能帮助各行各业找到新受众，通过图像与其粉丝联系起来。以美国陆军为例，它设立了展示军队价值观、军人家庭、退伍老兵、历史的板块，当然，还有军队穿衣风格的板块，其主页大受欢迎。

一切无非思路的转换：寻找办法吸引 Pinterest 用户，哪怕你认为自己的品牌并不天然适合该网站。数字新闻杂志 *Mashable* 的网站在 Pinterest 上有近 150 万关注者（属于超级用户之列），尽管这一品牌并不属于通常的时尚或风格类别（http://www.pinterest .com/mashable）。然而，它专门设立了"现代厨房"、"书呆子甜点"和"当时尚碰到数码"等钉图板。此外，"Instagram 上的精彩照片"、"宠物数字风"、"3D 印刷作品"、"科技界的女性"和"网络幽默"等板块，几乎可以打动每一个人。这份数字新闻杂志做了大量工作，以正确的形式去迎合 Pinterest 的精神：寻找一种视觉途径，以有趣、幽默和时尚的态度表现自己的品牌。营销人员得稍微跳出固有思维，寻找创新的方法接触 Pinterest 受众，但只要能运用正确的公式，就能接触到大量此前从未开发过的全新受众。

Pinterest 的格式极便于分享图片，它提供了极其优秀的消费勘察能力，尤其是对视觉产业。因为 Pinterest 用户可以为自己的电脑桌面添加小工具，轻松地在 Pinterest 板块上重钉来自任何网站的图片，就连没有在 Pinterest 设账号的企业都发现，因为粉丝重钉了来自公司网站上的图片，从 Pinterest 网站上为自己带来了新的流量。来自一个网站的图片，仍然能链接回到最初的源头，只要它们来自你的网站，你就能发现来自 Pinterest 的流量激增。

最好是在你的网站上添加 Pinterest 按钮，这样用户就无须从其他来源（如互联网搜索引擎）寻找你的照片了。如果你的网站上有丰富的图片，那就为粉丝们提供方便，让他们直接重钉你的图片。

如果有人认为自己的网站无须针对 Pinterest 进行优化，那他们就有可能错过机会，无法跟一群忠于品牌且收入丰厚的受众分享产品。品牌机构 Digitas 说，汽车品牌在 Pinterest 上的缺席最为严重："跟时尚 / 零售品牌比起来，顶级汽车品牌每一钉的平均重钉次数仅为 3 次，而整个社群的平均重钉次数则为 10 次。汽车行业在 Pinterest 上参与度较低，或许是因为大多数汽车网站在结构上都采用了 Flash，这让用户很难钉其内容。"[25]

在 Pinterest 上调动参与的窍门

- 如果你希望关注者参与你的钉，请一定要在别人的图片下点赞、关注、重钉和评论。在 Pinterest 上这么做很容易：你关注的人和板块越多，你想要通过钉来分享的点子就越多。

- Pinterest 的核心就是创意和好玩，所以想想你品牌的轻松一面。西南航空公司设立了有关飞机周边手工艺品、飞机聚会点子的板块。

- 在脑海里设想用什么图片借助 Pinterest 来营销。例如，每篇博客文章都应该有一张有力的图片，可以分享在 Pinterest 上，放大你的信息。

- 只要能吸引关注者，你的板块应该就会脱颖而出。选择强烈的主题和精彩的图片，显然是做到这一点的关键，但起个时髦的标题来吸引人的注意力也很占便宜。

- 图片不一定是专业拍摄的，但要使用色彩鲜明、精心权衡和有趣的图片。

- 为你的网站添加"钉一下"和其他社交分享按钮，让粉丝们可以传开口风。

- 想办法让粉丝们参加进来——或许搞个小竞赛，让他们自己创造模因，或是上传他们使用你产品的照片。

- 确定你想用图片讲述什么样的故事。

- 以客户为焦点。他们认为什么样的图片才有用、有趣、鼓舞人心呢？

- YouTube 视频也可以像其他缩略图一样钉在板块上，你可以利用视频指南介绍企业的方方面面，来展示你的专业知识。

- 用板块展示你公司的幕后情形，比如员工、当地环境或行业情况，或找到其他方法借助有趣的图片，帮助人们了解你提供的产品或服务。

- 尽可能利用钉图板提供的方便，把有关外表和生活方式的点子放在一起，或在真实环境下展示你的产品，说明其运作过程。

- Pinterest 有着非常流行的格式：热门图片往往反映了季节性趋势或事件，比如假期（情人节等）或新上映的电影。

- 在 Pinterest 上受欢迎，就是要摆脱刻板的品牌简介，真正融入网络背后的精气神。

即便是非视觉行业，Pinterest 用户（多为受过教育的年轻富裕女性）也是营销人员想要接触的关键统计人口，该网站提供了与之进行互动的绝佳机会，只是互动方式与传统广告截然不同。

网站的社区和分享功能，让你能把信息传播给关注者（甚至关注者的关注者的关注者……），进而接触到大规模活跃的、喜欢社交的、对品牌忠诚的用户受众群。这一类人，恰好属于优秀的品牌倡导者：他们分享，点赞，评论来自社交网络上的图像；他们点击图像寻找源头，积极地想了解更多有关你产品的信息。

观察 Pinterest 的核心用户人口统计（80% 为女性，当了妈妈，有可支配收入），我们可以看出，这是一些营销人员借助传统广告形式难以调动的群体（在一项调查中，91% 的女性说，广告商不理解自己）。[26] 考虑到女性在所有购物消费中占85%（不管是买车还是医疗保健），营销人员必须寻找新方法去锁定她们。[27] Pinterest 为这个问题提供了一套创新解决方案——只要营销人员乐意思考，想要以创新方式通过图片展现自己的品牌，或是想要调动网上的粉丝和新受众。

创造力是 Pinterest 设计的核心。为你的板块选择主题，能让你所属的企业打开眼界，获得种种以视觉形式阐释品牌的思路。我们收集了以下的板块名称和主题思路，希望能为你带来感悟，帮你入门。

企业 Pinterest 板块取名和寻找主题的部分思路如下：

灵感和思路
1. 度假的点子
2. 季节性板块
3. 春夏秋冬的时尚
4. 在你家

5. 客户照片

6. 聚会的点子

7. 环游世界

8. 技术点子

9. 我们喜欢的东西

10. 颜色主题板块：白色、红色和蓝色

11. 不久的将来

12. 锻炼和活动

13. 健康

14. 回到学校

15. 谢谢你!

16. 社交网络

17. 家和厨房

18. 时尚

19. 幽默

20. 品牌主题婚礼

21. 玩具和游戏

22. 引言

23. 环保和生态主题

24. 慈善事业

25. 回顾板块：从前的图片

有关你公司和产品的信息

1. 网络研讨会

2. 信息图表

3. 视频

4. 促销和优惠

5. 商店

6. 门店位置；门店信息

7. 介绍视频和照片

8. 我们的广告

9. 相关新闻报道

10. 近期事件

11. 会议

12. 产品演示

13. 操作入门

14. 帮助和建议

15. 故障排除

16. 时尚点子：我们的产品如何适应某种生活方式

17. 预算点子：怎样送便宜却不俗的礼物，或采用便宜但不落俗套的风格

你品牌的信息

1. 传统

2. 幕后情形

3. 我们的团队

4. 我们的赞助活动

5. 你来说（客户上传设想）

6. 我们的办公室

7. 我们最喜欢的食物

8. 办公室聚会

9. 我们年轻时的样子（员工年轻时的照片）

10. 我们的顾客

11. 我们的企业客户

12. 我们的使命

13. 我们公司的慈善事业

14. 我们的社区

15. 我们的小镇

16. *粉丝之爱*

　　Pinterest 可以提升各行各业大小规模公司的网站流量。家住路易斯维尔的金姆·戈登（Kim Gordon）和她 15 岁的女儿克洛伊于 2011 年创办了青少年趋势观察网站 PopCosmo，旨在向青少年受众展示最新的时尚、美容、化妆和生活方式小窍门。她们立刻发现了 Pinterest 的价值：为自己的网站吸引关注（http://www.pinterest.com/popcosmo）。克洛伊负责 PopCosmo 在各社交网络平台上的运营，她的内容侧重于提供视觉灵感和有用的"自己动手做"教程，这两类都是 Pinterest 用户喜欢的东西。她为 PopCosmo 网站创造的形象和社交网络页面，用有趣、创新的方式帮助青少年紧跟时尚。按金姆所说，PopCosmo 的推荐链接流量有一半都来自 Pinterest，而来自 Pinterest 的流量，则占该网站总流量的 20%。

　　金姆说："如果一个钉能像病毒那样传播起来，我们网站的统计数据好几个月里都会因它改变。"

　　金姆和克洛伊的精明视觉营销不仅体现在她们的钉图板上——她们还鼓励读者通过图片为自己的网站传播口碑。

　　她们的网站上有一篇法式美甲的教程，被钉了 38 万多次，还不包括点赞或重钉。

　　你不见得需要大笔营销预算才能在 Pinterest 上获得成功，但你需要花些工夫思考怎样把自己的品牌与 Pinterest 用户联系起来，你要乐意与粉丝互动。

梅勒妮·邓肯（Melanie Duncan）是一个女企业家，她的生意因为 Pinterest 做得红红火火。今年早些时候，她还很难相信自己会拥有这样一个网站！

梅勒妮拥有一家网站，叫"Luxury Monograms"，专门售卖组合文字绣的饰品和礼物。她的产品范围包括抱枕、餐具、毛巾、浴帘、服装，都绣着各种风格的大胆文字组合图案。有一天，她注意到自己的网站流量激增："我登录到分析账户，吃惊地发现，Pinterest 成了我网站的第一大推荐链接源，比 Google 和 Facebook 都要多。更令人兴奋的是，这些流量转换率很好。每个月，仅仅因为别人在 Pinterest 上钉了我的产品，我就能得到数千美元的销售额和数千的访问量。意识到这个机会以后，我立刻为自己的企业申请了账号，开始设计并使用它的营销策略。"

梅勒妮的板块混合了产品图片、通用装饰和着装灵感（http://www.pinterest.com/luxurymonograms）："举个例子，我卖台布和餐巾等待客物品。我知道自己的客户会因为漂亮的桌布产生灵感，所以我把自己的产品跟桌布等大型主题板块混在一起，因为后者能带来最多的关注者。我发现，为顾客提供怎样使用、装饰产品的点子，很管用。"

梅勒妮有一个板块叫"幸福的床上用品"，以大量床和卧室的漂亮图片为主，间或放些她家绣着文字图案的枕头。她在"新娘送礼会和结婚礼物点子"板块里放满各式各样的其他产品，再搭配她的自家产品，甚至会钉上有关自己品牌的新闻剪报，以提高真实可信度。

那么，Pinterest 是怎样跟梅勒妮的总体营销策略结合起来的呢？"对我来说，Pinterest 的真正优势在于，在产品图片和博客文章下增添'钉一下'按钮——这鼓励其他人为我增加曝光量。我注

意到，对我的企业而言，提醒人们、方便他们钉我的产品，是利用
Pinterest 最有效的方法。"

梅勒妮还通过 Pinterest 主办了大量成功的竞赛。竞赛进一步鼓
励粉丝们重钉她的产品，为 "Luxury Monograms" 品牌带来更广泛
的曝光。

"我的关注者是热爱装饰和娱乐的女性。我在 Pinterest 账户上设
计了有效的信息，对产品的使用和设想加以鼓励，进行指导。灵感
是一种非常有效的营销工具。"

梅勒妮现在还开办网络研讨会，教其他企业家如何使用
Pinterest。她说，这一平台展示了社交分享的真正力量，让她找到了
新的激情："每天早上我一醒来，信箱里都塞得满满的：商店希望承
销我的产品；杂志编辑希望采访我。此外就是成吨成吨的销售。而
除开看到自己的企业蒸蒸日上，我唯一还想看到的事情就是：帮助
其他企业家达成同样的效果。"

Pinterest 竞赛正日益成为品牌激发粉丝、推广产品的一种有趣
方式。惠普主持了一场 Pinterest 竞赛，推广其惠普 SpectreXT 笔记
本电脑。每星期，公司便在网站上公布一个不同的主题，让粉丝围
绕它创建主题板块。板块里需要钉出惠普 SpectreXT 笔记本电脑，
参赛者通过专用的惠普网页提交其板块的网址。每星期的获胜者由
公众从提交作品里投票决定，可获得奖金，包括一台惠普 SpectreXT
笔记本电脑，外加 500 美元的亚马逊礼品卡。惠普巧妙地把比赛纳
入自己的网站，让两者互相带动流量，同时收集来自参赛者的详细
联系信息。竞赛是持续进行的，这样一来，令得消费者持续高度参
与，不会像一次性赛事那样，结束后就人气猛跌。惠普要求参赛者
钉出笔记本电脑的图片，引来大量粉丝添加产品的新图片，由此形
成了稳定的流量，从而更广泛地推广了该产品。[28]

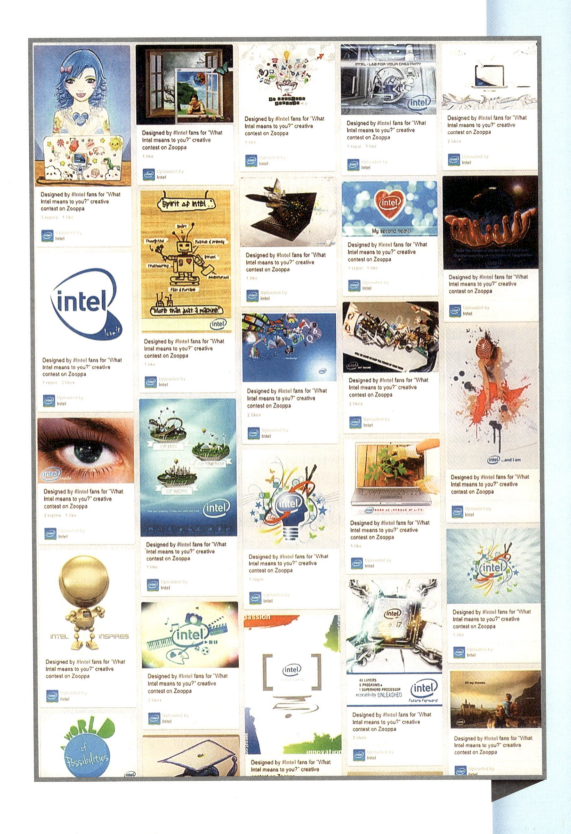

Pinterest 竞赛也不一定只针对消费者，B2B 公司也可以举办成功的竞赛。Emailvision 公司设计推出了"软件即服务"（software as a service，SaaS）营销解决方案和自动化电子邮件营销，他们在 Pinterest 发起了一项活动，以电子邮件营销人员为目标，以推广本公司服务、赞美这一行的从业人员为目的。"钉出你的收件箱"竞赛要求电子邮件营销人员把自己最喜欢的电子邮件营销钉出来，奖品是 Emailvision 工作室设计的电子邮件创意。竞赛搞得很机智——它以 Emailvision 的目标客户为焦点，故此提升了公司业务的知名度，又因为它鼓励电子邮件营销人员发来精彩的营销活动，使得参与非常积极，促成了良好的氛围。再加上，奖品也是参赛者很乐意获得的东西。[29]

英特尔是 B2B 品牌不回避 Pinterest 的另一个例子。英特尔设立了"科技信息图"、"技术与艺术"、"极客风范"等板块，显示了内心绝对的"极客"情结，以及它对技术的热情（http://www.pinterest.com/intel）。我们最喜欢的一个板块叫做"粉丝之爱"。好吧，好吧，让我们把相关信息说得更清楚些：叶卡捷琳娜就是该板块的创建人，这也是 2012 年英特尔 Pinterest 战略的一部分。但这样的板块最奇妙的地方在于，它让英特尔的粉丝们有了发出声音的地方。它汇聚了世界各地英特尔粉丝发来的图片，以及通过众包竞赛创建的图片，真正展现了在热爱该企业、对技术有激情的人们心目中，英特尔公司意味着什么。不过，我们要提醒你：在把图片贴上 Pinterest 之前，一定要保证你拥有该图片的使用权。对贴在"粉丝之爱"板块上的每一幅图片，英特尔都得到了创作者本人的许可。

Pinterest 的核心是创造力。它的用户具有创造力，成功的品牌拿得出种种板块和钉图设置的创新点子。Pinterest 上最优秀的品牌，是那些保持内容的新鲜度、切合时事的品牌，它们专注于以最适合Pinterest 用户的方式再现品牌，思考怎样吸引用户的兴趣，投合其品味。Pinterest 有趣、顺畅、富有想象力、有美感、社交性强。如果你的品牌可以做到这些方面，你就能为自己的品牌找到新受众。

YouTube

自 2005 年创办以来，YouTube 彻底改变了我们与视频内容的交互方式。广告的成功，现在可以按 YouTube 点击量来衡量；视频内容与品牌营销无缝集成，这在 YouTube 的网络优势出现之前是无法想象的。

营销人员最需要重视的一项因素，是 YouTube 为 Google 所有，故此，务必充分利用搜索引擎优化（SEO），选择正确的关键字、标题和视频描述。这样做能让你得到世界上最大的搜索引擎的助力，让你的内容（和品牌）被人发现。因为 YouTube 背靠 Google 的强大力量，它成为了世界上仅次于 Google 的第二大搜索引擎。[30]

YouTube 最近为品牌频道做了重新设计（称为 "One Channel"），你可以拥有一幅智能的横幅图像，根据不同浏览平台重新调整大小，从而保持一致外观，同时能在图像中嵌入社交网络链接。你还可以创建自己的 30 秒视频剪辑，放在页面最顶部，吸引用户群体。你获得了更多的决定权：视频列表怎样显示，怎样按相关频道、兴趣列表和内容播放列表对其加以排列，让你的内容发挥最大作用。

根据 YouTube 的说法，优化 "One Channel" 页面，能让页面在推出后就增加 20% 的浏览量。[31]

STATS

有关 YouTube 的事实和数据

- YouTube 是全世界仅次于 Google 的第二大搜索引擎。[32]

- 按 Kelsey Group 的调查，59% 的人在互联网上浏览视频广告，其中 43% 的人会继续去公司网站上查看详情。[33]

- 较之非富媒体 (non-rich media) 广告，流媒体视频能带来近 3 倍的品牌知名度和信息关联度、一倍多的购买意图和在线广告知名度。[34]

- YouTube 用户平均每天花 900 秒浏览视频。[35]

- 44% 的 YouTube 用户年龄在 12～34 岁。[36]

- 每天上传视频超过 829 000 条。[37]

- YouTube 每天的浏览量达到了惊人的 30 亿。[38]

- 每个月有超过 10 亿的独立用户访问 YouTube。[39]

- YouTube 网站流量的 70% 来自于美国以外。[40]

- 每分钟有 72 小时的视频上传到 YouTube。[41]

- YouTube 对 53 个国家做了本地化，有 61 个语言版本。[42]

- 一段视频的平均持续时间是 2 分 46 秒。[43]

- YouTube 全球 25% 的浏览来自移动设备。[44]

- 移动设备占 YouTube 观看时间的 25% 以上，每天超过 10 亿次浏览。[45]

- 2011 年，YouTube 的浏览量超过 1 万亿次，约合地球上每人浏览 140 次。[46]

视频注释彻底改变了营销人员利用 YouTube 的方式。你可以把超链接放入视频当中，创建"可点击"的互动视频。这为品牌打开了各种可能性——访客可以跟着指引点击，找到特定产品的更多细节，你也可以整合进一段互动广告，让用户自行判断喜欢什么样的结果。你可以借助 YouTube 的各项指标，找出不同选项的点击情况，更深入地了解客户的选择。

营销人员还可以对观众设置年龄或位置等限制。品牌频道可以放在任何网站当中，不仅局限于 YouTube 之内，这样一来，它们可以变成你主力网站的一部分，对搜索引擎优化极有利，也便于受众发现你公司的官方网站。

YouTube 可以提升品牌的全球地位，效果跟数百万美元预算的标准广告活动差不多，而且它可以帮助品牌与那些难以接触的人群（如 16~25 岁的受众）建立联系。"大众的力量"是一段成功的电视广告，在 YouTube 上十分热门（http://www.youtube.com/watch?v=R55e-uHQnaO），依云矿泉水的"宝宝与我"也是如此（http://www.youtube.com/watch?v=pfxB5ut-KTs），均有望得到全球数千万次浏览。

自 YouTube 推出以来，许多品牌迅速开始探索视频内容的营销潜力，如视频博客、教育视频、视频会议、新形式的广告等。成功的品牌会在自己的专属频道混合各种内容，最大化客户参与度，向受众展示自己业务的不同方面。

你在创设并管理 YouTube 内容时，请牢记自己的营销策略：用这段素材，你想实现什么目标？如果你想为自己的网站带来流量，请保证视频描述及频道主页上有明显的链接。你可以为视频添加横幅或文字，呼吁访客采取行动，或提醒观众订阅你的邮件列表、点击推广。

你可以把 YouTube 当成视频目录，它砍掉了传统广告和采购之间的步骤。千禧一代中出现了愈发明显的趋势：借助视频作出购买决定。通过在视频内容中嵌入广告，可以鼓励受众点击前往你的商店，通过视频购买。

在 YouTube 上调动参与的窍门

- 增添价值和娱乐性。人们上 YouTube 是为了娱乐。他们不想被人推销。

- YouTube 上有选项可为你的频道加入社交网络链接，但你要先想想看，这么做会不会让观众因为链接而分心。又或者，如果你正在使用内容联系、动员客户，可以让他们意识到，还有其他地方可以与你互动，提醒人们为你的内容点赞、分享你的内容。

- 如果你更关注客户支持和信息视频，一定要让你的视频描述和频道页面指向客户能获取更多信息的地方。

- 仔细斟酌你的视频长度。YouTube 上视频的平均持续时间是 2 分 46 秒，所以如果比这长得多，你有可能让观众失去兴趣。不要在一段视频里放入太多信息：如果太长，你可以考虑把它拆分成若干段，分别涵盖不同的主题。

- 不妨考虑根据粉丝们的问题或评论发布视频——这比电子邮件更能调动人。

- 跟踪统计数据，用它们来为 YouTube 策略提供信息。

- 把教程、幕后视频、常规广告，以及你在传统媒体上讲述的故事的延长版混搭起来。

- 在设置搜索关键词时，要记住你视频潜在的全球影响力。努力优化你的内容和相应的关键字。

- 视频是一种最灵活的深度叙事方式，尽可以发挥你的创造力和想象力。

- 不要总是固执地使用高品质拍摄。有时，手机和小相机拍摄的动态视频显得更相关，更能实时调动受众，这样的视频更可贵、更真实。

- 不要全部都是关于你的内容。也让你的粉丝和客户讲讲他们的故事。

视频内容专业结构"Adjust Your Set"为 lastminute.com 在 YouTube 频道里制作了一系列点击购买视频，赶在假期之前上线。"送给他的礼物"和"送给她的礼物"播出 10 天，吸引了 22 682 次的浏览量，2 609 人次点击了礼物上的链接，平均点击率为 11.5%。

lastminute.com 的一位发言人说，"像这样的视频内容，观众可以在播放时点击它，从我们这里购买产品或服务，事实证明，它带动了品牌的销售和参与度，明年，我们会继续为它投资。"[48]

2012 年，一段宣传剃须刀公司（Dollar Shave Club）的视频成了大热门——迄今为止，它在 YouTube 上的浏览量已经超过 1 000 万（http://www.youtube.com/user/ DollarShaveClub）。视频里，该公司的创始人迈克尔·杜宾（Michael Dubin）步行穿过库房，以脱口秀的形式让男性购买他的剃须刀。宣传的结果相当惊人：视频上线后带来的推荐链接流量在一个小时里就把公司的服务器搞崩溃了，头 48 小时里就收到了 12 000 笔订单。视频推广了这家公司，并在一夜之间让它大获成功。[49]

YouTube 带给你及时响应受众的机会。深入分析不光能让你看到热门度、点赞、分享，还能让你看到人口统计情况。你可以使用这些信息，决定未来的内容。比如，如果你发现自己在世界的某个部分或者某个年龄组里受欢迎，你或许希望用更多的素材来吸引这一类的群体。又或者，你可以观察自己为什么在其他群体里不受欢迎，并立志于改变这一状况。

YouTube 带来了跳出传统广告形式，非正式地看待自己公司的机会。有很多方法可以让你与客户建立联系，接触新受众，所以不

STATS

18 ~ 34 岁年龄段的消费者有两倍高的概率用视频来判断在哪家公司采购，38% 可能在看过视频后访问销售服装的商店，34% 的服饰类消费者更有可能在观看在线视频广告后购买商品；而看了电视广告后购买商品的人为 16%。[47]

视频可以让你展示自己品牌更轻松、更富人情味的一面。

要局限于只发布自己公司的电视广告——试着想想怎样运用视频全方位地展现自己的公司和产品吧。

视频不必局限于你作为品牌生产些什么。你可以让客户讲述自己的故事,用丰富多彩的现实表现方式表明你的品牌为他们的生活带来了怎样的改变。塔吉特公司(Target)最近用真实的学生们打开大学录取通知书的家庭录像制作了一段广告(http://www.youtube.com/watch?v=NyD XdHVw-yM)。在强大的视觉媒体上让真实的人讲述真实的故事,意味着该广告活动在全国大众的心目中掀起了共鸣。该宣传活动通过视觉营销,让企业巨头塔吉特跟客户建立了亲密的私人关系。

视频还可以采用品牌与顾客之间对话的形式。当消费者创建了一段视频(不管是突出你的产品也好,进行批评也好),这都是参与谈话的完美机会,你可以向他们表示感谢,调转其态度,或者介绍你产品的部分最佳特性。

在这两种情况下,你的快速回应都有可能比最初的视频本身吸引来更多的流量,创造更多的对话,它还为你带来了新培养一位宣传员的机会。但你必须态度灵活,开放创新,用有创意的方式进行回应。更详细的讨论请参考第 5 章。

高尔夫球手泰格·伍兹的视频游戏是一个很好的例子。一位顾客在该游戏里发现了漏洞,泰格·伍兹竟然走在水上打球。他把这段视频截下来发布到了 YouTube 上,说:不管泰格·伍兹有多么优秀,他都不可能走在水面上打球。泰格·伍兹的回应是,他发布了一段视频,高尔夫球落在湖里的一片睡莲叶子中间……伍兹走上水面,挥杆,击球,把球准确地打进了球洞。视频说明写道:"那不是游戏的漏洞。他真的有那么棒。"这段视频值得一看(http://www.youtube.com/watch?v=FZlstlVw2kY)。该视频如今已经有 600 多万次浏览,绝对精彩的营销!敏捷和创新的反应,在情感层面上拉紧了客户。

2012年圣诞节前，叶卡捷琳娜自己碰到了一次啧啧称奇的经历。她随意地向运动品牌REI发去推文："今年的礼物，你有什么好推荐？"REI官方竟然用视频来回答。这段视频不仅专门为叶卡捷琳娜拍摄，而且不到30分钟就制作好了。哪怕是最具创新性的企业，这样的响应速度也值得人赞叹。

有人真正花了时间给予专属的回应。不仅如此，REI还把自己打扮成精于社交的品牌。这激起了叶卡捷琳娜的兴趣，她决定去见见REI的社交网络团队，做更深入的调查。

REI在大约5年前设立了社交项目。社交团队有3个人，全都对从事客户工作热情洋溢。这对品牌很合适，因为该公司是一家会员制合作单位。"会员就是我们的灵感之源，"REI社交网络团队成员露露·葛法特（Lulu Gephart）说，"我们喜欢在公司的社交平台上展现会员的户外灵感和专业知识。"

这种思路展现了成效。假期到来，团队决定添点猛料，在Twitter上用视频回答假期提问。该项目被称为#giftpicks（选礼物）。为完成这一挑战，他们采用了"绿色授权"的方式——指的是各门店志愿帮忙的员工，他们为自己对不同产品线的热爱和专业知识感到自豪。叶卡捷琳娜的视频回复来自卡里斯，这是在华盛顿贝林汉姆门店工作的一位绿色授权员工。

团队在几天时间里拍摄了大约90段定制视频。在此期间，前往REI的推荐流量翻了一倍。这就是我们所说的"让

叶卡捷琳娜问："今年的礼物，你有什么好推荐？"抢先购买GoPro Hero3 Silver Wide-Angle Helm。

营销个性化"。信奉个性化接触、富有创造力的品牌,通过富媒体(rich medias)和视觉营销灵活地给予响应,能获得许多好处。

第一段大受欢迎、对销售真正有所作为的企业视频来自汤姆·迪克森(Tom Dickson),他是美国食品搅拌机公司 Blendtec 的所有者。早在 2006 年,他便拍摄了一系列视频,名叫"能搅拌吗?"视频的风格是半开玩笑式的宣传片,他把各种普通家居用品,包括 iPhone、信用卡和高尔夫球放进了 Blendtec 搅拌机。视频很快传开,粉丝们写信来对搅拌物品提出要求,而迪克森大多迅速作出回应(www.youtube.com/user/Blendtec)。

原始视频是一袋大理石被 Blendtec 锋利的搅拌器打成了一堆粉末,浏览次数超过 600 万次,另一段 iPad 被打烂的视频则被浏览近 1 600 万次。频道拥有 100 多万订阅者,现在上传了 130 段视频。迪克森喜欢在感恩节等节日推出特别主题(比如在感恩节时搅拌一只火鸡),世界杯版搅拌的是呜呜祖拉(南非足球比赛上用的塑料喇叭)。

Blendtec 品牌的系列视频不光超受欢迎,带给销售的影响同样令人咋舌。自 2006 年第一段视频火热传开,Blendtec 的销量已经增长了 700%。[50]

Blendtec 成功的秘诀是什么呢?"能搅拌吗?"系列视频为观众留下深刻印象、带来惊人销量的原因有好几个。它的形式极为简单:人人都想得到的老套电视购物风格。而且它略微有点出格——我们都知道,妈妈是永远永远不会允许我们搅拌 10 个打火机的(原因也很充分:打火机发生了小规模爆炸,Blendtec 甚至动用了灭火器。)

汤姆·迪克森还擅长倾听并回应粉丝的搅拌建议,这让他得到了关注者们的欢迎。迪克森严守网络内容营销的第一规则:保持内容新鲜。他总是发布新的视频,让产品牢牢地扎根在成千上万

YouTube 用户的心目中。此外还有各种以节日和近期事件（比如预期产品发布，搅拌 iPhone 的视频就最受欢迎）为灵感的主题版本，为视频增添话题性和幽默感。"能搅拌吗？"系列视频总共得到了近 3 亿次浏览，本身也成了一股网络风潮。对一家位于犹他州奥瑞姆的小型搅拌机公司来说，这结果挺不错。

　　YouTube 是营销人员的梦想：它能跟全球观众建立联系，能比更传统的电视广告展示品牌的更多层面。最出色的品牌 YouTube 频道使用多种形式调动自己的关注者，比如偏传统的广告视频幕后花絮、跟团队成员见面、粉丝拍摄视频、操作或故障排除指南，以及围绕产品话题拍摄的微型纪录片。随着智能手机和平板电脑越发成为世界各地民众日常生活的一部分，YouTube 将成为前瞻性品牌联系受众策略的一部分，而且其方式是短短几年前都无法想象的。

Facebook

　　有一个社交网络平台成了许多人生命中极为重要的一环，以至于催生了一部著名好莱坞电影，而它的名字也成了一个动词。你最近 Facebook 了吗？

　　自 9 年前创立以来，Facebook 就变成了十几亿用户的生活习惯。它不"仅仅"是社交网络，它彻底改变了我们的在线联系方式。Facebook 为我们打开了一个全球性的世界，让我们舒舒服服地坐在扶手椅里，就能和来自各地的人及组织聚到一起。它的这种人际交往方式，很快就成了我们的第二天性，但在它出现之前的几年，人们对此还无法想象。

2007 年开始，Facebook 允许品牌和机构开设页面（多年来也做了无数次改进），自此以后，富有远见的营销人员就开始以更加富有创造力的方式来联系客户。

Facebook 的公司页面最了不起的就在于文本、图像和视频帖子可以无缝地集成在用户友好的设计里，鼓励关注者评论、点赞和分享。促销活动可以很快流传开来，粉丝反馈能让你跟关注者进行双向交流。

公司页面上的视觉帖子能够脱颖而出，带来比纯文本帖子更高的参与度。Facebook 甚至取代了官方网站，逐渐变成了粉丝们寻找企业更多信息的地方。最近的一项研究显示，50% 的 Facebook 粉丝喜欢品牌页面多过公司网站。[51]

对于如何开设自己的页面，或者让现有页面能够更成功地实现目标的企业，Facebook 提供了有益的指导。他们在"企业 Facebook"上一步一步地指示了该怎样架设页面，以便从中获取最大价值。该栏目还告诉你在选择封面图片时应该怎么做、不该怎么做，并提供了如下发帖技巧：

- 100 ～ 250 字符之间的帖子得到了 60% 以上的点赞、评论和分享。

- 相册、照片和视频，其参与度分别是 180%、120% 和 100%。

Facebook 还告诉你如何设置"广告及赞助消息"（Facebook Adverts and Sponsored Stories）以到达目标人群，如何利用"广告管理器"（Adverts Manager）功能监控并了解哪些广告更成功。还有利用相关内容调动受众的技巧，以及如何设置"站内优惠"（Facebook

STATS

有关 Facebook 的事实和数据

- 较之纯文本帖子，包含了相册或图片的帖子得到的粉丝参与度要多 120% ~ 180%。[52]

- 2012 年，Facebook 为品牌推出时间轴之后仅一个月，视觉内容（照片和视频）在用户参与度上就提升了 65%。[53]

- 2012 年新年前夕和元旦当天，Facebook 用户在 48 小时内上传了 11 亿张照片，是其日平均 3 亿张上传量的近两倍。[54]

- 77% 的 B2C 企业和 43% 的 B2B 企业从 Facebook 获得客户。[55]

- 80% 的社交网络用户喜欢通过 Facebook 联系品牌。[56]

- 有超过 100 万个网站以各种方式跟 Facebook 实现集成。[57]

- 所有营销人员中有 74% 的人说，Facebook 对他们的消费勘察策略很重要。[58]

- 2013 年，52% 的营销人员通过 Facebook 寻找客户。[59]

- 85% 的品牌粉丝在 Facebook 上向其他人推荐品牌，而在普通用户中这一比例只有 60%。[60]

- Facebook 提供 70 多种语言版本。从国际上看，Facebook 在每个市场的排名都在前两位（中国除外）。[61]

- 从全世界的在线时间来看，Facebook 占了用户 1/7 的上网时间；而用户在社交网络上所花的时间，Facebook 占了 3/4。[62]

- 美国的电脑用户每月平均花在 Facebook 上的时间约为 6 小时，手机用户为平均 11 小时。[63]

- Facebook 上每天有 25 亿条内容被分享。[64]

- Facebook 上每天有 27 亿个点赞。[65]

Offers）向粉丝促销的技巧。你可以推广帖子，接触更多的人，"页面分析"（Page Insights）则可以向你揭示哪些元素的效果最佳，什么样的人链接到了你的页面。最佳实践的例子有很多，比如"每周至少发帖一到两次，这样你才能保持重要性，让喜欢你页面的人保持关注。"等到页面启动并运行，Facebook也提出大量建议，告诉你怎样提高影响力，到达更广泛的受众，所以，一定要浏览他们的页面，了解对自己企业有用的指南。

同样值得注意的是Facebook怎样过滤新闻推送源里出现的内容。一如本书之前所述，一套名为EdgeRank的算法能够判断你的帖子得到了多大的参与度，你在回复、阅读、点赞他人帖子时的互动情况怎样。你越是投入，你的帖子获得的参与越多，你的EdgeRank分数就越高，那么，你的帖子就越可能出现在粉丝News Feed的显眼位置上。

营销人员开始意识到借助Facebook联系粉丝的力量，以及它在散播新产品和促销活动口碑上的作用。他们不光利用Facebook接触新客户，更把客户变成品牌的忠实追随者。

但是一个社交网站怎么能为企业激发出这种潜力呢？究竟该怎样做，才能让Facebook从一个朋友们分享各种消遣照片（假期、大醉的夜晚、有趣的宠物）的地方，变成一个让品牌通过活动带动销售的地方呢？

如今，一家企业要是没有Facebook页面，可谓相当反常了——目前Facebook上有1 500万个以上的品牌页面[66]，但大量公司还是依照使用网络的习惯使用它。一些企业满足于在各种社交网站上发布相同的内容，发布电视广告的链接，而另一些企业则真正深入地发掘了Facebook的独到之处，创建社区，并以之为营销宣传的突破口，最终获得惊人的结果。

在 Facebook 上调动参与的窍门

- 在 Facebook 上不要仅是使用通用营销照片，宜用专门的照片来带动对话。

- 思考怎样以视觉形式进行沟通——粉丝们会更可能发表评论、点赞并分享照片。

- 请你的粉丝上传自己的照片，从他们的角度表现你的产品如何适应他们的生活。为 Facebook 设计专门的营销活动，让粉丝加入。Facebook 上的照片和视频能很好地发挥作用，让你与粉丝进行互动。

- 在标题照片上发挥创意，选择能抓人眼球、鼓舞人心的东西。要经常更换，保持新鲜度。

- 把你的常规营销跟 Facebook 整合起来，并让 Facebook 把常规营销做得更深入。举个例子：发布幕后照片，或是让粉丝们决定接下来该做什么。

- 全球品牌可以利用区域页面，根据位置向不同国家的粉丝发布信息。为特定地区设计图片或视频时要考虑文化差异。

- 不要太注重使用专业图片——有时候，粉丝用智能手机拍的照片，所讲的故事比专业的营销摄像作品更精彩。

- 提供创意视觉竞赛，持续地调动粉丝参与。

Facebook 最近对品牌页面所做的重新设计，更关注视觉效果，"标题"照片占据了舞台中央，时间轴上也会出现较大的图像。对所有营销人员来说，这都是特大利好消息。在各种社交网站里，Facebook 仍然是社区建设、粉丝互动的领头羊，它的成功极大地有赖于视觉媒体。

ROI 研究公司（ROI Research）2012 年进行的一项研究发现，如果用户与朋友在社交网站互动，最讨喜的方式是使用自己拍摄的照片。较之其他各种类型的媒体，品牌发布照片的话，44% 的受访者更有可能参与。[67] 在 Facebook 上尤其如此。

纸品设计品牌 Moleskine 利用视觉媒体的力量，创造了一个全世界最活跃、最多产、最具创意的在线社区。公司的视觉内容策略集中在用户生成内容方面：它允许用户发布自己的图片和视频，创建了大规模的用户参与项目。自 2006 年以来，依靠种种充满想象力的营销策略，Moleskine 的销售增长了 26%。[68]

Moleskine 在 Facebook 搞了一场很受欢迎的活动，叫做"你书包里有什么？"，用户上传书包里所装内容的图片，生成 Facebook 的专辑相册。读者们看着其他人的书包里所装物品（当然包括 Moleskine 笔记本），跟朋友们分享照片，为该项目带来了数千个点赞和数千条评论。

粉丝们还自己在 Facebook 上发布照片，推荐自己最喜欢的 Moleskine 设计，该页面获得了点赞共计 17 万个（https://www.facebook .com/moleskine）。公司为全球的爱好者组织活动，并在 Facebook 页面上推广。受到鼓舞的粉丝创造、传播图片，定制 Moleskine 笔记本，组织在线竞赛，在创意层面上参与品牌，让 Moleskine 在一个高度专业化的市场上突出了自己的特点。

成功的公司大多是让传统媒体和社交网络彼此支持，而不是偏重其一。2011 年 3 月，数字媒体公司 Neworld 为爱尔兰有机乳制品生产商 Glenisk 发起了一场名为"乐声大赛"的推广活动，让 Facebook 的粉丝们提交音轨，为厂商的新电视广告选择配乐。Neworld 公司说，"电视广告拍摄期间，Glenisk 的销量增长了 35%。相比之下，广告最初在 2010 年早期播放时，并未带动销量明显增长。这种整合的方法显然为品牌带来了切实的成果，比单纯的电视广告效果好得多。"

Glenisk 报告了以下结果：

● 广告播出期间销售提升了 35%。

- 公司在 *Today FM* 获得了全国播出时段，加上全国和地方性的公关报道，总价值超过 20 万欧元。

- 该电视广告在 YouTube 上获得了超过 25 000 次的在线浏览。

- 公司在 Facebook 的粉丝数量翻了一番。

- 参加竞赛的新粉丝，在免费酸奶优惠券的鼓励下变成了客户。[69]

　　Facebook 最近升级了服务，为品牌提供了按粉丝登录地点划分的定制地区页面。部分内容可以是全球相同的，但企业可以借助该设置根据粉丝的居住地来提供个性化体验，许多品牌在此功能的帮助下，与受众建立了更好的联系。哈林花式篮球队开展了一场针对性的地区社交网络推广活动，自动向世界各地的球迷提供独特的内容（如当地比赛时间安排），使得从 Facebook 前往官网的流量提高了 230%。[70]

　　通过 Facebook 进行营销推广，最重要的是仔细思考你的页面的视觉效果。营销软件公司 HubSpot 想在 Facebook 上推广自己的品牌，增加与粉丝及客户的互动，带来更多潜在的客户资源，同时表明自己是 B2B 领域的思想领袖。

　　HubSpot 选择了一幅充满活力的城市景观作为封面照片，附带公司的标志。该公司在主页面上设计了一个选项卡，名为"试试 HubSpot！"人们可以免费使用 HubSpot 的 30

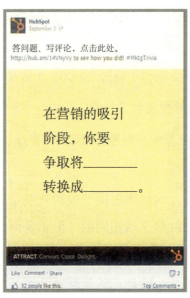

天试用版，或用演示版了解 HubSpot 可以怎样为自己的企业发挥作用。此外，它还发布了 Facebook 广告，在广告中有力地号召人们采取行动，在自己的页面上点赞（https://www.facebook.com/ hubspot）。

公司针对用户的不同年龄段（包括 24 ~ 34 岁、35 ~ 44 岁和 45 ~ 54 岁）及其喜好和兴趣测试了广告。他们使用抓眼球的图片来吸引人们的注意力，比如"加入！"的字样，再附加广告文本中有关 HubSpot 营销大会的信息。

为提高参与度，HubSpot 每天发布更新，内容有关营销大会、电子商务技巧以及演示和视频链接，还频繁提出诸如"移动营销是你策略的一部分吗？"等问题，在粉丝之间引发对话。

HubSpot 还提供跟公司内部营销专家就特定主题在线聊天的链接，并且发表"赞助故事"，以求扩散其品牌口碑。

各种技术（包括对视觉元素的强调）的混合，带来了明显的效果：

- 在 3 个月的推广活动期，来自 Facebook 用户的销售增长了 71%。

- 活动期间，Facebook 带来的投资回报率增长了 15%。

- 活动期间，Facebook 带来的流量增长了 39%。

HubSpot 付费消费勘察负责人丹·斯拉根（Dan Slagen）说："我们发现，Facebook 上的积极参与，让 HubSpot 与其利益群体之间展开了宝贵的、开放式的对话。我们可以在生成新的潜在客户线索和实际客户的同时，公布产品更新、发布新的电子书、举办网络研讨会、直接从客户那里得到反馈，从营销活动中得到有关新设想的灵感。"[71]

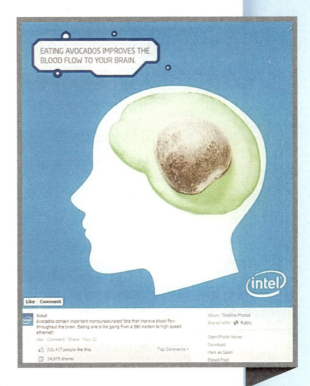

英特尔是另一家强调社会参与的企业。Facebook 处在这一战略的中心位置。公司的全球页面拥有超过 2 200 万粉丝（https://www.facebook.com/Intel），在全球 50 多个国家共拥有超过 3 400 万粉丝。

英特尔的社交沟通战略是要在娱乐受众的同时，让他们变得更聪明。英特尔的许多 Facebook 帖子都是在讨论"内心的极客"的力量，对此，英特尔的受众有着强烈的认同感。体现这一策略的例子，可以参考以下帖子："鳄梨含有重要的单不饱和脂肪，能改善整个大脑的血液流动。吃上一个，就像从 56K 调制解调器升级到了高速以太网！"

还有一个类似的帖子，英特尔向粉丝

们介绍自己一款核心产品的一大好处：笔记本电脑 Ultrabook 的重量极轻。它并未单纯地罗列产品规格，或跟普通的产品做对比，而是在营销文案里介绍了一些有关一种不起眼的昆虫——金龟子——的有趣事实。通过这种方式，英特尔不光向粉丝们介绍了自己的产品，还以有趣的视觉形式插播了有趣的花絮。帖子里说："金龟子能举起相当于自身体重 100 倍的东西。这意味着它能背起 8 台 Ultrabook。"于是，英特尔巧妙地把这个简单的事实变得打动人心，便于分享。

Facebook 令公司得以借助品牌页面来改善客户服务，跟粉丝进行讨论，鼓励反馈，分享图片，带动销售，扩展营销视野，鼓励用户生成内容。关注者能够以前所未有的方式与品牌建立联系，感觉自己是产品体验中的积极一环，而非被动的消费者。

Twitter

Twitter 早年留给人的印象是一个主要吸引年轻人和技术工作者的微博网站，但近年来它逐渐转型，在热心联系受众、创造新型客户服务体验的品牌运作下，它成为一种创新型营销工具。在所有的社交网络平台当中，Twitter 目前最受全球《财富》100 强企业欢迎。

Twitter 最近的重新设计有助于创造更好用、更视觉化的页面布局。Twitter 格式简单，用户可直接从页面内浏览照片和视频。单条的推文现在可直接嵌入网站或博客当中，甚至可以在网站与博客上直接回应，这带来了与粉丝互动的新方法。用户获得了比以前更多的互动，但又不显杂乱；这是一种"干净"的体验。Twitter 还设定了一批新的键盘快捷键，对花费大量时间使用 Twitter 的营销人员极具吸引力。

近年来网络迅速发展，带来了大规模的新人口，包括企业和商业用户。年轻人在 Twitter 上占很高比例，这是它吸引营销人员的因素之一：这部分群体以前很难接触到，商家渴望对其进行调动。

虽然主要是一个微博网站，但 Twitter 的视觉化倾向越来越明显。2011 年，Twitter 增加了新的图片库功能，外观看起来像是以图片为基础。这意味着，照片的留驻时间更长了——你可以随时显示 100 张照片，它们不会随着时间轴的推移而消失，故此，关注者能够看到你最近发布的所有图片。你不妨分享大量视觉内容，要不然，你的图片库看上去就会是空的。等这些图片留驻一段时间之后，不妨想想你的推文内容，以及这些图片整体在观察者眼中是什么样子：你的图片搭配得当吗？还是说，你倾向于发布同一类型的图片？

网站最近还新增了"Twitter 卡"，它们为推文带来了全新的视觉维度，使其更加动人。有了 Twitter 卡，你可以在推文中添加跟内容相关的媒体体验。Twitter 卡可以是网页的缩略摘要，比如有关文章、博客帖子、产品或公司等。用户可以点开链接了参与网站的推文，看到完整的媒体，如内容预览、图片和视频等。营销人员有必要意识到 Twitter 卡背后所用的技术：如果你在自己的网站上加入代码，就可以决定 Twitter 链接显示什么样的内容。高亮显示特定内容的潜力，非常有利于视觉推广活动。

Twitter 卡还有一项意料之外的新功能：消费勘察。靠着这个简单但精彩的互动工具，对特定报价或促销感兴趣的用户能在链接到现有信息的 Twitter 卡里填写表单，快速注册。这就消除了说服关注者到你网站录入个人信息的烦琐步骤，代之以流畅的视觉方式，将网站和 Twitter 体验无缝整合起来。

STATS

有关 Twitter 的事实和数据

- Twitter 上分享的链接，1/3 以上都是图片。[72]

- 67% 的亚太公司拥有 Twitter 账户，从 2010 年到现在出现了 40% 的大幅增长，同期关注者人数翻了两番。[73]

- 83% 的欧洲公司现拥有 Twitter 账户，较 2010 年的 71% 有所增长，关注者的数量是 2010 年的 3 倍。[74]

- 美国公司的 Twitter 账户维持在 72%（2010 年以来没有改变），但每个账户的关注者数量翻了一倍以上。[75]

- 全球《财富》100 强企业以多种方式使用 Twitter：提供公司新闻和更新（88%），提供客户服务（40%），提供交易（28%），发布职业和岗位信息（10%）。[76]

- 超过 46 万个账户每天发布新消息。[77]

- 2 060 万美国成年人每月至少访问一次 Twitter。[78]

- 每天 Twitter 上发布 1.77 亿条推文。[79]

- 2010—2011 年移动账户使用增长了 182%。[80]

- 24% 的 Twitter 用户每天至少刷新一次。[81]

- Twitter 用户中 54% 为男性，46% 为女性。[82]

- 46% 的用户年龄在 18 ~ 34 岁之间。[83]

- 42% 的用户利用该平台寻找更多有关产品或服务的信息。[84]

- 67% 的用户更有可能购买自己在 Twitter 上关注的品牌之产品。[85]

- 较之不使用 Twitter 的同行，使用 Twitter 的公司每个月获得的潜在用户是其两倍。[86]

运用 Twitter 的视觉方面进行营销推广活动，有一些很富有想象力的途径。大众巴西分公司围绕该国规模最大、人气非凡的音乐节——圣保罗 Planeta Terra Festival（由大众汽车公司提供赞助），借助社交媒体网站的快节奏更新，制造出一场令人兴奋的风暴，以推广其新一代酷车——Fox。因为音乐节的门票早就一抢而光，大众公司把自己的门票藏在圣保罗城里各处，用 Google 地图在一个微型网站上标注其位置。问题在于，地图会不停扩大——而让它缩小指明门票所藏地点的唯一办法，就是用标签 #foxatplanetaterra 发推文。标签被推的次数越多，地图就缩小得越清晰。整整 4 天，粉丝们奔走全城，想要找到免费赠票的藏匿之处，推广活动的标签成为巴西地区的头号热门主题。这次推广活动，把 Twitter 所有强大的功能都做了创造性的整合！[88]

　　健怡可乐（Diet Coke）想巩固自己与健康组织"心之真相"（Heart Truth）之间的关系，敦促女性关注心脏健康。公司主办了一场竞赛，邀请参与者发推文或在 Instagram 上发照片，即用官方标签 #ShowYourHeart 展示一件心形的东西。可口可乐公司承诺，2013 年 2 月 7 日这一天分享了多少张照片，它就向"心之真相"捐助多少美元，其中 5 名获奖者还将受邀参加"心之真相"在纽约市举行的"红裙子时装秀"（Red Dress Collection Fashion Show）。成千上万的人参与进来，为该慈善机构打响了知名度，也让人们意识到健怡可乐与"心之真相"的良好关系，活动还筹集到了数千美元帮助心脏健康事业。这次创意公益活动之所以成功，是因为它启发人们从整体上认识核心主旨：心形和心脏健康，都属于自己生活的一部分。它让人们对可口可乐品牌及其对公益事业的贡献产生了积极的联想，而这一切，靠的只是一条简单的视觉信息。[89]

在 Twitter 上调动用户参与的窍门

- 制定策略：不要用不同的信息搞混它。设计你自己的声音，围绕若干关键激情点发推文。你希望关注者因为什么而知道你？为什么他们关注你？

- 运用"置顶推"和"趋势"功能来支持你的关键信息。照片和视频能增加别人的兴趣，但应当与整体策略相融合。

- 定期发帖，让资料维持新鲜度。这不是你的公司网站。你可以用图片或图形搞搞怪，展示你的品牌更加轻松的一面。要知道，人们上 Twitter 是为了寻找有趣的内容。

- 很多人不会访问你的实际品牌页面。他们会从自己的信息流或第三方应用里查看你的推文，所以不要想当然地以为客户或顾客能看到你此前发布的推文。每一条推文都应当便于理解。

- 内容要复杂多变。不要总是发同一类型的推文。

- 向客户提问。他们这一季用过你的产品吗？他们希望它有什么新增功能？

- 使用链接。链接到文章、照片或视频。

- 转发。找出关注者的兴趣点，并进行分享。

- 使用标签。就某一主题参与更宽泛的对话，或者自己发起对话。

- 呼吁行动。如果你希望自己的内容得到转发，说出来。如果你请求别人分享内容或转发，人们会更乐于这么做。

- 考虑你的受众所在位置。如果他们大多位于美国东部标准时区，那么就在这一时段发布关键推文。如果你拥有全球受众，那么在每天的不同时段，关注者最有可能看到的时候重发部分推文，或许会比较合理。

RadioShack 利用 Twitter 上的"推广趋势"（Promoted Trend）功能，请人们上传自己伸出手的照片，加上 #ifihadsuperpowers 的标签（意为如果我有超能力），以及一条怎么运用超能力的推文，即可换取获得神秘奖品的机会。接着，RadioShack用数码方式为照片加上超级英雄的服饰，回应用户的照片！他们随机挑选了若干照片，拍摄者即可赢得商店里的奖品，或是RadioShack礼券。因为成功率很高，粉丝增长迅速，人们的积极性高涨，RadioShack在2010年的假期推广活动也因此入选当年"福雷斯特风潮奖"（Forrester Groundswell Awards），并从200多位参赛者中胜出，获"北美B2C：激励"类别最高荣誉。[90]

2013年，英特尔开始在Twitter上使用#dothemath（做数学），迄今为止，这是该公司最成功的标签。英特尔在推文里会写一条令人错愕的事实或对比，附一幅图片，外加上述标签。这真的很有效，因为英特尔的关注者喜欢这些极客味道浓郁的统计数据，也会因之被吸引到对话当中。英特尔发现，包含了数字、统计和"十大"榜单的推文，一般都能获得成功。

Twitter互动参与的另一个好玩例子是情人节当天英特尔和联想之间的对话。英特尔为自己的部分合作伙伴发去了定制的情人节图片推文。联想第一个作出了反应。

英特尔说："@lenovo 给我们发消息。#HappyValentinesDay !"

联想立刻跳出，作出如下回应，并附上一张照片，内容是由技术设备构成的鲜花形状："@intel 我们为你准备了这些。都不用放在水里。"

英特尔回应："@lenovo 哇哦……我们脸红了！谢谢你在情人节你送上的爱。"

这样的玩笑展现了品牌有人情味的一面，展现了它的创造力，以及与合作伙伴、客户进行实时对话的意愿。

Twitter 拥有一些有别于其他社交网络的特点：靠着流行元素、流行趋势及推文推广功能，极为迅速地制造喧嚣；个人和组织可以拥有数百万粉丝，一旦推文被有影响力的人物选中，几乎转眼就能得到疯狂传播。众所周知，使用标签是让自己的推广活动在粉丝和关注者里流传的好办法，但把标签和图片结合起来，你就能鼓励人们发挥创意，让这个瞬息万变的网络发挥出最大的作用。

Instagram

照片分享后起之秀改变了我们与图片、与发布图片的品牌进行互动的方法。自 2010 年 10 月推出后，手机应用程序 Instagram 获得了惊人的大发展：现在拥有 1.3 亿月活跃用户。Instagram 的照片（是正方形的，更有各种数字滤镜可用）可以通过 Instagram 程序浏览，或者分享到 Facebook（现在是 Instagram 的东家）或 Twitter 上。靠着用户发布的图片标签，人们可以利用 Instagram 找到相关图片，或搜索非常具体的东西。标签也在 Twitter 等其他支持网站上通用，故此 Instagram 不光是一个独立的社交网络，它还可以无缝地集成到其他平台上。

现在，Instagram 新增了直接从本平台拍摄、分享视频到其他社交网络的功能，由此在吸引大品牌的战斗中击败了 Vine。[91] 各品牌大量使用 Instagram，有助于各公司迅速接受它全新的视频功能，开拓新的方法推广产品，与关注者建立联系。根据 Mashable 的数据，品牌在 Instagram 发布的视频，其参与度是 Instagram 照片的两倍，也比 Vine 上的视频参与度高。[92]

Instagram 拥有如下独特之处：

- 有 13 种滤镜可供选择，为视频增加情调和气氛。
- 可以添加静态封面，作为缩略图和 / 或标题页。
- 录制时间达 15 秒（Vine 视频片段仅为 6 秒）。
- 用户可以连续拍摄多个片段。
- 可以使用稳定功能消除颤抖，让效果更加完美和专业。
- Instagram 的视频也可使用跟照片一样的标签。

Instagram 应用程序为使用手机拍摄照片和视频带来了全新的创意优势。拍照片、选择滤镜或数字效果以及上传的整个过程流畅而有趣：Instagram 是为了"点击并分享"一代专门设计的软件。虽然没有相当于 EdgeRank 的过滤器或推广内容的功能，最喜欢的照片和视频却能成功挤入最受欢迎页面，现如今，Facebook 把它集成到了自己的服务当中，使得 Instagram 之类的平台出现在 Facebook 的时间轴上，更加便于广泛分享图片。

自从各品牌在 Pinterest 等分享网络上使用图片获得了真正的成功，社交视觉营销对公司的战略而言越来越关键。这些品牌迅速接受了 Instagram，表明它们已经能娴熟地通过视觉媒体讲述自己的故事——Instagram 有着 1 亿的月活跃用户，各品牌绝对不能错过这个机会，接触充满活力的年轻新观众。

和 Pinterest 一样，Instagram 的用户群由女性主导，我们也知道，女性掌握着大部分的家庭支出。故此，明智的品牌看重寻找新的方式，培养能接触到这一目标市场的在线社区。

STATS

有关 Instagram 的事实和数据

- 现在有 67% 的顶级品牌使用 Instagram。[93]

- Instagram 拥有 1.5 亿多用户[94]，月活跃用户 1 亿。[95]

- 2012 年前 7 个月，Instagram 出现大幅增长——从年初的 1 500 万用户发展到 7 月份的 8 000 万。短短七个月，增长超过 400%。[96]

- Instagram 网络的用户群有近 70% 为女性。[97]

- Instagram 的领头羊是巴宝莉（Burberry）、蒂凡尼（Tiffany）和古奇（Gucci）等奢侈品牌，这一类品牌的关注者人数最多。[98]

- 用户每天发布 4 000 万张照片，每秒钟点赞 8 500 次，发表评论 1 000 条。[99]

- 越来越多的品牌不仅在 Instagram 上开设账户，且每月发帖 20 次以上。[100]

- 每天上传到 Instagram 上的照片超过 500 万张。[101]

- 2012 年，Instagram 用户点赞了 7 800 万张照片。[102]

由于 Instagram 具有及时性与随手性，企业利用它来表现品牌的人情味，发布大量幕后的非正式内容，鼓励用户生成内容，由此取得了巨大的成功。

最适合 Instagram 的品牌，显然是那些能轻松用图像表现自己的品牌。奢侈品牌、零售、生活方式、时尚和设计公司，天然适合该平台。不过，想在 Instagram 上获得关注，你的组织并不需要非得属于这些类别不可。英特尔就用 Instagram 来展示技术的创意一面，他们发布一些有艺术气息的美妙图片，用以调动关注者的想象力（http://instagram.com/intel）。

美国运通（American Express）也靠着类似的方式，发布产品促成的生活方式及体验照片，还有美国运通总部的生活特写，把握住了营销机遇（http:// instagram.com/americanexpress）。尽管它远不是 Instagram 的典型品牌用户，却拥有一个充满活力的社区，有 2.7 万多名粉丝。[103]

Instagram 上一些最受欢迎的品牌属于那种吸引较年轻群体的类别，如维多利亚的秘密、星巴克、Forever 21 和 MTV。多年来，营销人员都在努力打通这一关键年龄段，Instagram 的视觉营销则可以视为一套成功营销策略的关键跳板。

耐克拥有 220 多万名粉丝，是品牌深入挖掘 Instagram 文化为己所用的一个例子（http://instagram.com/nike）。你或许以为，耐克只能发布一些运动鞋、运动服饰的照片，但它却利用这个平台来讲述一种生活方式，展现寻常可做而又非同凡响的运动技能。从跑步到踢足球、打网球、滑雪，耐克把职业运动员的标志性图片和鼓舞人心的照片混搭在一起，鼓励社区成员分享他们自己的运动故事，用积极的生活来彰显其运动精神和自豪感。耐克还在 Instagram 上发布粉丝生成的图片，赞美自己的社区。为此，耐克鼓励粉丝使用 #makeitcount 或者 #justdoit 等标签，获得在耐克的大社区里分享照片的机会。耐克还寻找机会，和整个社群庆祝自己的里程碑事件。比如，当耐克发现 Instagram 上 #nike 标签出现了 600 万次时，它用了 24 小时来分享来自社区的照片，并鼓励用户"再努力一点"。在 24 小时庆祝活动的最后环节，耐克以呼唤出在 Instagram 上第一个以 #nike 标签发布照片的粉丝作为结束，因为它意识到，只有一个充满激情、能发布鼓舞人心图片的社区，才能在 Instagram 的平台上 #makeitcount（这一标签的意思，可理解为"成为佼佼者"）。

Instagram 能很好地参与品牌与粉丝的大范围对话。自由人服装公司（Free People）用顾客作为模特，请他们用 Instagram 发布自己身穿最喜欢的"自由人"服饰的照片。这些照片会加入公司网站，顾客可以看到产品在现实当中的种种样子。人们可以添加评论和点赞，公司则围绕粉丝们创建的形式展开整个对话。公司在 Instagram 上拥有超过 80 万名关注者（http://instagram.com/ freepeople）。

已经运用 Instagram 的品牌，迅速开始测试新上线的视频功能。15秒长的片段，对一直对 Vine 的 6 秒时间限制耿耿于怀的企业来说，是个极大的宽慰，它带来了更大的可能性，对那些需要空间比 Vine 略多一些的营销理念是利好消息。当然，Instagram 背靠 Facebook 的 10 亿用户的有力支持，也有更强大的分享潜力，有助于说服刚进入 Instagram 的品牌探索它的新功能。

Instagram 的滤镜功能让该平台的照片得到了很高的识别度，希望借助视频进行创意营销的品牌对此大感兴趣。照片滤镜用法简单，用户们已经很高兴了，所以拍摄艺术化的视频、直接上传到平台上给关注者欣赏，这样的潜力显然是大受欢迎的。

自然，各品牌很快上传了创意视频作品。巴宝莉一直是 Instagram 的热心用户，关注它的人接近 100 万，这一点让人印象深刻（http://instagram.com/burberry）。巴宝莉的 Instagram 视频首演，带我们进入了 2014 年伦敦春夏男装秀的幕后世界。视频靠着微妙的配乐和复古感觉，让观众对男装秀产生了期待。它拍摄得很好，后期编辑也十分漂亮——这得到了粉丝们的好评，众人高度赞扬，并作出了这样的评价："真美。要是我也在场就好了。""这段视频真鼓舞人心！"很明显，巴宝莉抢先掌握了 15 秒 Instagram 视频的艺术。

露露柠檬（Lululemon）的视频"每张瑜伽垫都有故事可讲"（Every Mat Has a Story to Tell），展现了 15 秒视频靠着出色的后期编辑能实现什么样的效果。这段美妙的视频片段把在不同地点拍摄的瑜伽套路拼接在一起，背景不断变化，而影像顺畅推进，借此说明公司的瑜伽垫可以在任何地方使用。这段视频成了一段有趣而流畅的营销广告。

"水慈善"（Charity:Water）运用 15 秒的视频来展现慈善事业给人们生活带来的改变。视频里拍摄的是一个名叫萨潘·噶曼加（Sarpan Gamanga）的女性，"经常每天花 4 个小时到附近的溪流取水。"视频片段表明，自从该组织为她家安装了供水设施后，她只需要用 15 秒钟，就能装满盛水的容器回家了。这段视频通过实时拍摄的形式，巧妙地表明村民们现在获得清洁水供给有多快（15 秒）。

Instagram 的独到特点，带给品牌创造性地思考营销活动的力量。过去几年，一些最具创新性的推广活动就运用了 Instagram，重新定义了我们对营销的认识。

2012 年 10 月 14 日，花式跳伞运动员菲利克斯·鲍姆加特纳（Felix Baumgartner）成功地从 127 900 英尺的高空跳下，成为第一个不借助机械设备打破音障的人。这一壮举由红牛赞助，YouTube 视频现已得到了 3 400 多万次浏览，显然属于最为极限的运动表演——也以最酷的形式契合了产品的定位。红牛围绕该次活动进行了一场 360 度的全方位社交网络推广活动，用 Instagram 按步骤一段一段地拍摄了壮举的事先准备阶段，牢牢地吸引了人们的想象力。

在跳伞前的预备阶段，红牛上传了 3 800 张照片，让粉丝得以从内部视角观察现场。红牛创造性地使用 Instagram，为自己赢得了超过 800 000 名关注者。（ http://instagram.com/redbull ）。[104]

Instagram 与 Facebook 之间的无缝链接，为最近一些聪明又充满想象力的推广活动带来了灵感，它们不光得益于 Facebook 庞大的规模，也受益于 Instagram 的艺术性和年龄优势。

福特新款嘉年华车型现代而时髦，对年轻受众很有吸引力——这一点跟 Instagram 正好吻合。福特利用 Instagram-Facebook 关系，根据嘉年华的时尚特点，在全欧洲范围内做了一场推广活动。每个星期，福特都鼓励人们以 #Fiestagram，外加 #entry 或 #music 等与灵感相关

在 Instagram 上调动参与的窍门

- 在广告横幅里写明你的官方标签，好让粉丝知道怎么通过做标记跟你互动，由此搭建你的社区。

- 加入有关顾客、员工、生产商的幕后照片和视频，展现你品牌的人情味。

- Instagram 的大部分内容跟设计和生活方式有关，所以不妨思考你的产品会在人们的生活里发挥怎样的作用。

- 创造性地使用滤镜。

- 通过 Instagram 内置的统计数据，你能了解更多有关自己的活动情况，随着你的个人资料不断发展，可借助这些数据来提示自己该展示什么样的内容。

- 不要"推销得太直白"，或者说，不要使用太过明显的植入式广告。Instagram 的用户有着敏锐的媒体触觉，不喜欢自己的社区被商业化地利用。

- Instagram 上大受欢迎的品牌都是原创的，艺术性较强，他们会在广泛的社区建设中搭配使用 Instagram。

- 定期发布内容，并使用平台来展示你的现状、假期和季节性。

- 使用具体的标签进行促销或推广活动（可以包括你的品牌名称，也可以不包括）。#HolidayPromotion（假期促销）这一类标签太过宽泛——人们会把它关联到不相干的帖子上。标签要仔细斟酌，选择没有双重含义、不会因不同解读而导致混淆的标签。

- 不要使用太多的标签。标签要简单，否则社区会分裂，无法有效聚焦于你的品牌信息。

- 如果人们发表评论，你一定要加入到讨论当中，跟粉丝们互动。

- 把 Instagram 融入你的网站，形成互动性更强的体验。不要只是使用自己的产品图，可以让客户上传自己的照片或视频，看看他们怎样使用你的产品。

的标签提交照片，也鼓励人们对这个词做更宽泛的阐释。最出色的照片除了会张贴在在线相册上，还会发布到整个欧洲的数字广告牌上，其中最最优秀的照片还能赢取奖品，最高奖项是一辆全新的福特嘉年华。

推广活动的重点放在这款车最先进的特性上，以提高人们对其高科技方面的认识（这对关注时尚的年轻受众群体是很大的卖点），改变人们对嘉年华的传统看法，因为嘉年华本身已经是欧洲最受欢迎、最受认可的一款车型了。Instagram 的用户（年轻、时尚，具有科技意识）是福特推广活动的理想目标，而 Instagram 的社区建设和分享功能，配合 Facebook 的普及性（该推广活动放在了福特嘉年华的 Facebook 官方网页上），对推广活动来说也十足完美。

在为期 6 个星期的推广过程中，共有 16 000 多张照片被提交参与竞赛，福特的 Facebook 社区获得了 120 000 名新粉丝，数万访客浏览了被提交的作品。每天，Instagram 的"热门"主页都会展示竞赛照片，由此提高了新嘉年华在 Instagram 社区（也是福特的目标群体）的知名度。[105]

互联网新闻博客 Mashable 称 Instagram 是拥有超级用户（即所谓的"Instagramer"）的强力网络，认为这对推广活动的成功至关重要。在推广嘉年华车型时，福特深知，调动这一社群是关键。所以公司找到了 Instagramers 的创始人冈萨雷斯，后者迅速向大范围的受众打开了竞赛的知名度。"我们在整个欧洲都有团队——英格兰、德国、意大利、西班牙、法国，等等。"冈萨雷斯说。"如果你有2万多名粉丝，要推广一场竞赛就很容易了。"[106]

为了吸引粉丝在比赛当天到场观看，印地 500 赛车（Indy 500）与 Seen 合作，构建了一场粉丝们能分享其印地 500 赛车之旅的体验（http://www.indy500orbust.com）。上传照片到 Twitter 或 Instagram，并使用标签 #Indy500orBust，粉丝就有机会赢取终极印地 500 赛车体验的机会。不过，有别于大多数以标签驱动的推广活动，#Indy500orBust 并未止步于此。有史以来第一次，Instagram 照片集成到了整个印地 500 赛车的营销活动当中，包括一幅交互式地图，内嵌带地理标签的照片（http://www.indy500orbust.com/map）。

在推广活动期间（2013 年 1 月—2013 年 5 月的阵亡将士纪念日），粉丝共分享了10 828 张使用 #Indy500orBust 标签的照片。到了正式比赛的那个周末，这一数字每天又增加 8 000 张，照片总数更是达到 53 162 862 张。这段时间，印地 500 赛车活动得到了4 400 名 Instagram 和 Twitter 新粉丝。

营销人员有可能尚未意识到 Instagram 在另一方面的能力：它能够检验、测试你的视觉内容。唐恩都乐有一支热情的跨职能社交媒体小组，总能提出有趣的创意视觉设想。团队把自己的办公室亲切地称为"唐唐母舰"，受此启发，他们在 Instagram 上寻找、

检验最适合实时捕捉眼下一刻的日常内容。他们经常在 Instagram 上用照片或视频形式分享幕后花絮，展现当月精选事件，比如员工们试吃新菜单上的品目，或是测试厨房准备的菜谱（http://ins-tagram.com/dunkindonut）。

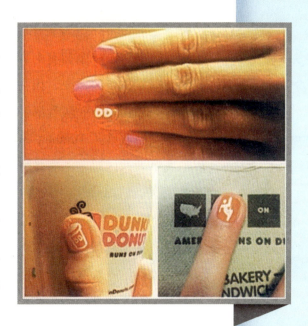

　　团队还寻找机会融入品牌的办公室文化特点，比如热爱粉色、橙色的唐恩都乐（Dunkin' Donots）美甲艺术，或"周二打领带"内部活动（一些员工自豪地在领带上搞花样取乐）。如果照片或视频在 Instagram 上表现良好，团队兴许会考虑在其他社交网络上使用它，以此从视觉上直观地展示唐恩都乐品牌好玩又脚踏实地的个性。

　　就眼下 Instagram 的关注总数而言，它仍属小众。和 Pinterest 一样，随着发展，它的吸引力肯定会扩大。接触到一个对风格、市场和技术感兴趣的年轻受众群体，是许多品牌的核心目标，营销人员可以借助 Instagram 灵活、集成的特点进行富有想象力的创新推广活动，拓展传统广告的边界，吸引来自全球的新受众。因为 Instagram 提供了这样的机会，企业自然希望让其成为自己视觉营销推广活动的中心环节。

Tumblr

　　Tumblr 是一个与众不同的博客平台：用户点击按钮，就能迅速转发其他用户的帖子（文本、图像、视频、引文、链接或音乐）。

Tumblr 账户设置比较简单，在视觉上也很有吸引力。它把你的业务插进了一个拥有上百万渴求最佳视觉灵感的用户平台。Tumblr 对营销人员很重要，因为它吸引了千禧一代，以及有着大量可支配收入的用户——两者都是品牌的目标人口。最近，雅虎用 11 亿美元的价格收购了 Tumblr，表明该平台不仅拥有数百万用户对它的信心，商业社区对它也很有信心。

Tumblr 的精髓在于简单。Tumblr 不是长长的博文，不是信息满载的内容。相反，它是为快速视觉灵感和消费欲望而生的。Tumblr 的信息流里满是各种照片、视频、图表、报价、问答，还有用户重贴的一切吸引自己眼球的东西。它节奏快，有创意，态度散漫且富有娱乐性——它在街头口口相传，这一点对希望吸引年轻顾客的品牌甚为关键。

Tumblr 的一大特点在于，只有转发你的帖子时，用户才可以添加评论，这就为营销人员节省了大量时间（因为一般而言他们必须过滤恶意的钓鱼评论）。这帮忙造就了该平台的社群意识，带给它一种其他网络缺乏的积极感。

Tumblr 受到了时装公司和大学生的青睐。凡妮莎·加布里埃尔（Vanessa Gabriel）的购物网站 aSociete.com 就是一家受益于此的企业。aSociete 向大学生提供顶级时尚品牌的独家折扣，比零售价低 50% ~ 80%。凡妮莎跟其他 Tumblr 博主合作，随着他们为 aSociete 撰写文章，注册的人逐渐多了起来："最开始，人们在 Tumblr 上随机地发布有关 aSociete 的帖子，说他们有多喜欢我们，后来，注册者日复一日地多了起来。一篇有条理的帖子能带来 5 000 多人。如果符合当下一刻的时尚和潮流，Tumblr 的图片会疯传起来。"[107]

类似的技术也适合其他以产品为基础的企业。莎朗·盖弗妮（Sharon Gaffney）是 MeebleMail 的联合创始人，该公司的业务是将日常电子邮件用时尚个性化的电子邮件信纸变成某种特别的东西。MeebleMail 的主要受众是对风格与设计感兴趣的女性——那么，很

STATS

有关 Tumblr 的事实和数据

- Tumblr 上 50% 的帖子是照片。[108]

- Tumblr 的用户每月在该网站上平均花费 1 小时 38 分钟浏览内容，其他什么也不做。[109]

- Tumblr 的每次访问时间平均是 34 分钟。[110]

- Tumblr 的全球独立访客数是 1.17 亿，从 2012 的 5 800 万一路攀升。[111]

- 目前有 1.13 亿 Tumblr 博客。[112]

- Tumblr 上的文章总数，到目前为止为 523 亿篇。[113]

- 52% 的 Tumblr 访问者为男性。[114]

- 46.5% 的 Tumblr 访问者年龄介于 18 ~ 34 岁。[115]

- 35.2% 的 Tumblr 访问者家庭收入超过 10 万美元。[116]

- 48% 的用户接受过大学教育。[117]

- 13% 的 18 ~ 29 岁互联网用户在 Tumblr 上设有博客。[118]

- Y Combinator 的加里·谭（Garry Tan）最近做了一项研究，发现在 13 ~ 25 岁的人群中，Tumblr 比 Facebook 更受欢迎，此类人群有 59% 称自己经常使用 Tumblr，Facebook 的这一比例为 54%。13 ~ 18 岁的人士称自己经常使用 Tumblr 的比例更高：达到 61%（此年龄段人士使用 Facebook 的比例是 55%）。[119]

自然地，她希望借助视觉媒介来展示自己的公司。

到目前为止，MeebleMail 证明 Tumblr 对自己而言是成功的市场营销工具："我们的主要目标是宣传 MeebleMail 和我们提供的电子邮件信纸。Tumblr 帮助我们找到了视觉立足点，它同时也带动了直接前往我们网站的流量。"[120]

"我们发布自己电子邮件信纸的图片，以及来自我们设计合作伙伴的其他项目。我们一般会为图片附上简短的标题。"莎朗解释说，大多数 Tumblr 用户喜欢能为自己代言的图片。

莎朗还指出，Tumblr 不仅仅用来发布图片："和其他社交网站一样，Tumblr 要求你与其他用户建立联系。你可以标记自己的帖子以方便搜索，关注其他 Tumblr 用户，转发相关内容，以此达到这一目的。我们使用 Tumblr 作为社交网络工具，与 Twitter、Facebook 相搭配。我喜欢 Tumblr 是因为它能跟 Instagram 相整合，也因为它偏于重视觉形式。"[121]

就算你的业务不以图像或产品为基础，Tumblr 也能帮助你分享跟你受众相关的图片。林赛·洛佩兹（Lindsay Lopez）是专业的普拉提教练，也是纽约精品普拉提工作室"普拉提塑形"（FORM Pilate）的老板，她使用 Tumblr 为自己提供建议，引发灵感。林赛懂得，自己的读者喜欢健身，喜欢保持漂亮的体形，所以，她在 Tumblr 上发布食谱、励志图片和相关引言。

"到目前为止，它为我的网站带来了更多的人，我发现，越来越多的人来看它，是因为它简单、视觉化，而不是整页整页的文字。"林赛最初偶遇 Tumblr，是另一位同行博主推荐的，后者建议她用 Tumblr 来代替 WordPress 博客。2013 年初，林赛开始用 Tumblr 写博客，她完全入迷了："我喜欢 Tumblr 的地方在于它有着良好的审美。它非常直观，很容易就让帖子看上去十分精彩。"[122]

和其他所有社交网络平台一样，Tumblr 成功的关键是在社区里发帖、推广和参与。Tumblr 把博客的最佳特点和以视觉为基础的社交媒体融合在一起，造就了一种独特的平台，具有针对性地满足了小众市场。

对许多企业来说，Tumblr 群体或许可以完美地与它们契合。凡妮莎·加布里埃尔建议公司尝试这一平台，并对结果加以测量，以判断它是否适合："Tumblr 是向千万人推广你的产品和商品、提高销售量、扩大用户基础的绝佳资源。我相信，Tumblr 是一座尚未开发的营销金矿，正等着更多的公司来真正地运用它。对我们来说，它的效果太棒了！"[123]

尽管 IBM 并不生产跟 Tumblr 群体直接契合的产品，但该公司以内容策展人的角色成功登场。该公司分享商业和技术信息（视频、图表、照片、信息表和短文章），并围绕自己的专业知识建设了一个名为"智能地球"的社区（http://smarterplanet.tumblr.com）。

世界银行（World Bank）则表明，哪怕你并不属于 Tumblr 上的传统分类，也能在该平台获得巨大的成功。多年来，世界银行的领导团队借助社交网络分享组织的使命和信息，但他们希望专门靠 Tumblr 从一个有趣的角度让人们看到世界银行的业务。团队运营了一个账号，使用世界银行历年收集的广泛数据，配合简短的解释，以可视化的形式对抗世界贫困。世界银行的博客干净、简单，有清晰的数据，聪明地扮演了组织应有的角色。世界银行的 Tumblr 数据页面（http://worldbank.tumblr.com）受到网络各界的积极关注，根据社交媒体战略专家、该网站创办人利亚纳·皮斯泰尔（Liana Pistell）的说法，它非常成功。它让丰富的数据变得容易理解、诙谐有趣，接触到 Tumblr 受众，也完美地契合世界银行的组织宏观战略。[124]

为你的 Tumblr 博客确定有力而简单的主题非常关键。可口可乐的主题是"幸福生活在线"（Where Happiness Lives Online, http://cocacola.tumblr.com），它运用各种支持这一幸福概念的照片、漫画、引言、Gif 和视频片段，完美地表达了品牌的信息。品牌发言人说："幸福和积极的偶然出现，是 Tumblr 的核心。这就是为什么可口可乐的青少年粉丝们热衷于向彼此分享这些表达形式，也是为什么我们这个品牌属于这里。每当人们分享幸福时，可口可乐必定在场。"2011年 12 月最初上线后仅 6 星期，可口可乐的 Tumblr 博客就吸引了12 000 多名游客、1 300 名关注者，以及 300 条留言。因为关注积极内容和社区建设，它实现了调动青少年高度参与的目的。[125]

在 Tumblr 上调动参与的窍门

- 在 Tumblr 账户上要用图片来讲故事，文字居于次要地位。

- 按 bit.ly 网站的数据，发布内容的最佳时机是星期一~星期四的美国东部时间晚上 7 ~ 10 点，以及星期天的任何时候。[126]

- 使用相关的标签，这样你的图片才能出现在搜索当中。

- 大量转发来自其他用户的内容。

- 在 Tumblr 上，人际关系很重要。要关注其他用户，并在文章下发表评论。

- 记住你的目标受众，并转发相关内容。

- 对目标保持专注。不要什么内容都转发，淹没了你的核心信息。

- 设定战略和日程表，以便持续稳定地发布高质量内容。

- 记住你的品牌标识，不发布任何与之矛盾的内容。Tumblr 上有大量幽默但不得体的内容，所以在表现自己品牌时要保持专业。

- 产品信息、生活方式类文章和其他围绕品牌构建的内容应保持错落有致，好让你的信息源不会显得商业味太浓。

- 在信息源中融合图片、文本、引言、音频和视频。

- 和你的标签保持一致。如果你使用大量"官方"标签，粉丝们在转发相关帖子时使用你标签的可能性就更大了。

- 让内容保持新鲜，经常发帖。Tumblr 是一个快节奏的平台。

- 如果你的目标带动了网站流量，要留意数据分析，看看什么样的帖子能带动流量，但也不要走到"以后只发表这类内容"的极端上去。Tumblr 用户喜欢多样性。

- 如果你是刚接触 Tumblr 的新手，花些时间了解这个平台，了解人们发布了什么类型的内容。

- 你可以直接在公司网站上集合 Tumblr 博客，这极大地有助于提高搜索引擎排名（但要确保博客内容适合你的企业形象）。

- 你可以把 Tumblr 当成网站内容的概述。《滚石》杂志使用 Tumblr 来发布照片和文章片段，如果 Tumblr 访客想要知道详情，可以顺着链接前往杂志官方网站阅读整篇文章。

　　2012 年，BBC 美国分站为剧集《神秘博士》(*Doctor Who*) 架设的 Tumblr 新闻源（http://doctorwho .tumblr.com）获得了行业"最佳 Tumblr 整体品牌"肖蒂奖（Shorty awards）。该博客"带动了观众对《神秘博士》的热情，这是 BBC 美国分站有史以来收视率最高的剧集，整整一年，它都让粉丝们活跃参与进来。"短短 10 个月，该博客就赢得了 82 000 名关注者。剧集在 Tumblr 上混合编排用户生成的内容、幕后照片、程序屏幕截图、Gif、粉丝们线下见面活动照片，以围绕剧集重新构建整个世界。这是一个简单的前提，但它丰富了 BBC 制造的幻想宇宙，同时把它往前推得更进了一步。Tumblr 新闻源的每条帖子平均得到 1 300 条以上的回应，完全掌握了平台的要旨，大受粉丝欢迎。[127]

　　2012 年，阿迪达斯靠着成功的 Tumblr 推广活动，证明该平台可以适用于更广泛的营销活动。当时，阿迪达斯进行了一次长达一个月的活动，Tumblr 宣布自己网站的付费推广服务时，阿迪达斯是第一个购买的品牌。阿迪达斯为 2012 年波兰和乌克兰主办欧锦赛架设了足球博客（http://adidasfootball.tumblr.com），计划用 Tumblr Radar 功能往用户导航板块上推送付费广告。阿迪达斯的 Tumblr 推出了一段 YouTube 视频，视频中足球明星们纷纷用母语说着"Tumblr"，并伴以照片和 Gif 动图。该网站属于欧锦赛相关整体营销活动的一环，以构建大型球迷社区为目的。阿迪达斯的全球品牌营销总监（足球产品）汤姆·拉姆斯登（Tom Ramsden）介绍了自己对阿迪达斯足球博客的设想："我们会用 Tumblr 与球迷分享独特内容；我们会把积极进取的生产商实时提供的新鲜内容，跟我们庞大的足球档案素材结合起来。"[128]

　　其后，阿迪达斯品牌继续使用 Tumblr 来支持更大范围的市场营销和品牌活动，比如在俄罗斯、中国、韩国等地进行的 #mygirls 活动，探索运动女性之间的强烈纽带，针对女孩推广健康生活方式。

　　如果你的品牌想要联系青少年、大学生和年轻的专业人士，

Tumblr 是寻找新受众的大好平台。在你动手发帖之前要花时间去了解这个平台，努力琢磨怎样简化品牌信息，最大化地开发出该平台视觉内容的潜力。哪怕你的品牌并不适合用视觉内容来表现，也可像许多组织那样靠着有序策展他人帖子，围绕自己的专业知识建立起社区。

Vine

最近，人们对 Vine（这是一款用于发布最长 6 秒的短视频的应用软件）的狂热促使品牌开始思考，怎样利用这一工具展示产品，扩大社交网络的内容。这款应用软件的大受欢迎简直超乎常理：自 2013 年 1 月推出后的短短 3 个月里，Vine 就成了位居 iTunes 排行榜榜首的免费软件。[129]

Vine 类似 Twitter（也是 Vine 的东家）和 Instagram，用户可在原生社交网络上分享视频，但视频片段也可嵌入 Twitter 和 Facebook 的帖子。Vine 最初是在苹果系统上推出的，现在安卓系统也可使用了，随着越来越多的粉丝对它"上瘾"，现有的 1 300 万名用户群有望再度大幅攀升。[130]

用该应用程序录制视频十分简单，只要点击智能手机屏幕即可——只有当你按住屏幕时它才进行录制，所以，你可以连续拍摄，也可以使用定格动画的方式拍摄，而后利用加速特效，把持续时间较长的事件压缩到 6 秒钟的限制之内。Vine 也可以录制声音，所以你还必须思考视频的音频元素。

人们可以在其他图片分享网络上点赞、评论和分享你的视频，所以视频片段能在整个网络上火速传开。你还可以给视频打标签，方式与 Instagram 照片、Tumblr 帖子相同。

Vine 为营销人员提供了跟照片一样多的讲述品牌故事的方式，甚至更多。短短 6 秒，你能说什么呢？各品牌飞快地冲上这个平台，表

有关 Vine 的事实和数据

- 在 100 段最热门的 Vine 视频当中，品牌内容仅占 4%。[131]

- 品牌 Vine 短视频的分享概率，比品牌官方在线视频高 4 倍。[132]

- 每秒钟有 5 条 Vine 推文被用户发送出来。[133]

- Vine 上的大部分活动来自美国东区时间上午 10—11 点。[134]

- Vine 上转发最多的 20 条推文，只有一条来自品牌：电影《金刚狼》的预告片。[135]

- 周末发送的 Vine 推文比一周 5 个工作日加起来还多。[136]

明许多人都认为短视频有机会比单纯的照片走得更远。对在线零售商来说，Vine 可对产品做 360 度全方位展示，这是照片做不到的；对创意营销人员来说，一段 6 秒视频可以变成火爆的商业广告；对机智的进行社区建设的品牌来说，这款应用是接触、联系粉丝们的途径。

推出后短短的时间之内，各品牌就已经用不同的例子说明怎样将短视频放到自己的品牌大背景下了。劳氏家装店（Lowe's）拍摄了一系列视频指南，标签为 #lowesfixinsix（意为劳氏六步修补），以定格动画的方式展示了简单的家装技巧、生活技巧和执行各种任务的方法。[137]

MailChimp 是一家在线邮件列表公司，它用一只猴子的形象来充当网站的指导员，提供有关技巧、诀窍和有趣内容的链接。依靠 Vine，MailChimp 在有趣的视频里进一步展示了商标猴子的性格，也有助于提高品牌的知名度。这些视频剪辑把 MailChimp 的营销活动带到了新的高度，同时保持了粉丝们喜欢也认得出来的品牌幽默感和网络模因（比如公司的猴子吉祥物，以及站在各种东西上的办公狗曼迪）。[138]

在 Vine 上调动用户参与的窍门

- 务必保证你的社交网络管理人员完全认可使用 Vine，因为视频片段是即刻发布的。

- 最好是提前批准内容设想，因为你没法保存草稿。

- 定格动画视频最受品牌欢迎。它能让你发挥创意，你可以把视频短片变成动画片，或者缩短事件的持续时长，以突出产品的特点（如展示怎样使用厨房用具，或者怎样组装家具）。

- Vine 最适合在产品正式上市前进行简短展示。塔可钟（Taco Bell）为庆祝 Cool Ranch Doritos Loco Taco（某种鸡肉卷）上市，拍摄了一段 Vine 视频，得到了 2 500 次转发。[139]

- 要仔细思考怎样用 6 秒（而非 30 秒、60 秒标准时长的广告）来传递你的品牌信息。

- 大胆发挥创意。多芬最近发布了一段视频，在保龄球赛上用"肥皂"保龄球击打沐浴露瓶子。[140]

- 你可以发布有趣的片段，展现公司的幕后情况——但开始之前一定要让所有人都知道你在拍摄他们。

- 主持一场竞赛，请用户发布自己的视频回复。Urban Outfitters 和 匡威（Converse）一起，发起了一场 Vine 竞赛，请粉丝们贴出展现自己与匡威共度一天的视频。视频必须标有 #yourchucks 标签，胜出者可获 Urban Outfitters 和匡威双方提供的奖品。[141]

- 为你的视频做好标签，好让那些没有直接关注你的人能找到它们。

- 保持简单。很多人都是在智能手机上看的，所以视频不要太详细或者过于复杂。

- 不要急匆匆地拍摄视频，只为了满足它的 6 秒时限。要把它视为"微广告"来做。

- 不光要从视觉上想，也要从听觉上思考。如果你在录制现场视频，争取消除背景噪音，并可考虑使用背景音轨。

- 你可以用定格拍摄的方式来制作动画短片。许多品牌都在这方面发挥了创意，围绕自己的产品拍出了漂亮的视频，或是用它展示一些理论上不可能做到的事情。

　　不要把自己限制在产品展示这一种方式当中。展示服务怎么样？SweetShot Photography 是一家精品摄影公司，他们用 Vine 来推广自己的头像摄影。他们拍摄了一段简短的幕后视频，说明自己怎样为客户拍摄头像照片，视频的末尾是一张空凳子，暗示"万事俱备，只等你来拍照片了"。第二天，@sweetshotphoto 发推文说，多谢 Vine 帖子，公司得到了许多新的客户资源。[142]

　　Vine 还可以用来举办竞赛或抽奖，品牌可以用外包的形式，让粉丝们为自己完成独特的内容。2013 年春天，随着气温回升，唐恩都乐主办了标签为 #IceDD 的跑步大赛，庆祝冰咖啡季节的回归。竞赛呼吁粉丝们标注 #IceDD，用 Vine 来展示唐恩都乐冰咖啡让他们脚步轻快起来的场面，这样就有机会赢得一年的免费冰咖啡。比赛前 5 名跑步者还有机会获得唐恩都乐的礼品券。在整个促销活动中，唐恩都乐自己也拍摄了三段 #IceDD 视频，以提高活动的知晓度，以激发 Vine 社区的参与。竞赛持续了一个星期，用户提交了一系列充满活力和创造力的视频作品。值得指出的是，视频竞赛的准入门槛更高，因为它比参加文本或图片大赛要付出更多的心血。然而，走这条道路，有可能获得更多有力而值得分享的内容，给粉丝留下持久的印象。

　　创造力，以及与 Twitter 的集成，把 Vine 持续推入新的领域。唐恩都乐是第一个将 Vine 整

合到专业赛事广播的品牌，为此登上了新闻头条，这一节目就是 ESPN 的"周日之夜倒计时"（Monday Night Countdown，橄榄球比赛节目）。贯穿整个赛季（共 16 场比赛），唐恩都乐用 4 段 Vine 视频（每段 5 秒）插入节目当中，换下了从前的静态广告。

唐恩都乐的目标是，让美国民众在最心爱的一项消遣活动里获得新颖的互动社交网络体验，所以，还在每个星期的"周一橄榄球之夜"节目里推出了 #DunkinReplay（意为唐恩都乐赛事回放），公司依靠内部团队和希尔·霍利迪营销广告公司（Hill Holliday），拍摄了一段标注为 #DunkinReplay 的 Vine 视频，重新用唐恩都乐的菜单项目制作了"周一橄榄球之夜"上半场的滚动字幕。Vine 视频在中场休息时完成，在比赛第四节发出推文，以便将用户的"第二块屏幕"（即手机）体验发挥到最大限度，也让品牌成为"周一橄榄球之夜"对话的自然组成部分。每一段 Vine 视频（#DunkinReplay）都实现了与同类电视广告几乎相同的广告印象（接触人次），而且成本明显更低。

公平地说，将 Vine 整合到 Twitter 和 Facebook 等大平台当中，让越来越多的用户下载该程序，享受它所激发的创造力，有助于其用户数量的大幅攀升。对品牌而言，在嘈杂的社交网络环境下，Vine 提供了另一条吸引受众注意力的途径。如果你把 Vine 的 6 秒钟看成跟 30 秒钟电视广告同样的机会，那么，你就有充分的理由把 Vine 融入你的视觉营销策略，让它发挥跟其他营销媒体同样大的作用。Vine 鼓励用户以创新、富有想象力的方式来应对 6 秒钟的时间限制，所以，好好想想你该怎样借助这紧凑的时限去接触粉丝们吧。

SlideShare

在线演示共享网站 SlideShare 其实也是一个视觉营销平台，这一点很容易被人们忽视。但它真的是一个重要的商业网络：每月有 6 000 万访客，月度页面浏览量有 1.3 亿次，属于全世界 200 家访问量最大的网站之列。[143]

STATS

有关 SlideShare 的事实和数据

- 每月有 6 000 万访客，月度页面浏览量 1.3 亿次，SlideShare 位于全世界 200 家访问量最大的网站之列。[144]

- SlideShare 来自企业主的流量，比其他任何网站都要高 5 倍以上。[145]

- SlideShare 的重度用户多为小企业主和微型企业主。[146]

- SlideShare 的受众来自各种源头：有机搜索、其他社交网络和其他 SlideShare 内容。[147]

- 最受欢迎的五大主题是商业、技术、旅游、教育和健康。[148]

- 每篇演示文稿的平均幻灯片张数是 19。[149]

- SlideShare 最常用的 6 种标签是：商业、市场、趋势、搜索、社交媒体和统计数据。[150]

- 受欢迎的演示文稿比其他文稿包含的图片更多，前者的平均图片数量为 37 张，后者仅为 21 张。[151]

- 最近，SlideShare 被评为世界教育和在线学习十大顶尖工具之一。[152]

用户们上传演示文稿、在线研讨会、Word 及 PDF 文档，为之添加标签，在 SlideShare 或者 LinkedIn 等社交网站上分享它们，要不就将之嵌入自己的博客或公司网站。SlideShare 也被称为"世界上最大的专业内容分享社区。"[153]

和 LinkedIn（该网站的所有者）一样，SlideShare 主要由商业社群使用，二者互为补充。SlideShare 演示文稿可以上传到 LinkedIn 的概要文件，为你的公司或个人形象新增知识及专业技能维度。尽管基本的平台免费，网站也提供付费的专业平台，你可以为自己的频道建立品牌，拥有无广告页面，并可接入后台分析。

在社区建设和消费勘察方面，尤其是 B2B 领域，SlideShare 可以展示你领域的专业知识，而且，它非常适用于视觉内容营销。SlideShare 不是快速技巧，不是病毒式传播的模因，而是在虚拟空间里创建网络，向同事和客户分享深度内容以建立联系。

SlideShare 不仅仅是向外发送信息。该网站的社交功能令企业获得了跟顾客、客户建立联系的新途径，得到了生成新业务、强化自己网上形象的机会。

SlideShare 还可以让你放大自身信息。如果说一套在线研讨会或会议演示按其原始格式仅能接触数千人，依靠 SlideShare 在线发布，则可以为之带来乘数效应。想想叶卡捷琳娜的例子：为宣传自己的新书《像扎克那样思考》，她上传了部分节选到 SlideShare。未作付费推广，演示文稿"Facebook 首席执行官马克·扎克伯格的 12 句最著名的引言"就得到了 9.7 万多人的浏览。

创新地使用技术传达信息，能帮助各种规模的组织接触到新受众。分享演示文稿，能更出色地向用户展示一家公司的精神气质，其效果远好于传统的 LInkedIn、Twitter 和 Facebook 路线。深度演示能让公司变得更立体、更具个性。

2011 年 5 月，美国宇航局（NASA）在 SlideShare 上推出了"NASA 宇宙通道"（http://www.slideshare.net/NASA），综合了来自总部和现场中心的演示文稿、文档和视频。宇航局社交媒体经理斯蒂芬妮·谢贺兹（Stephanie Schierholz）在 SlideShare 博客上宣布："美国宇航局一直在寻找新的途径动员人们参与太空探索计划。SlideShare 为我们提供了一种以新形式、新地点分享内容的绝佳途径，我们的目标是鼓舞人们，让人们体会到宇宙之妙。"[154]

越来越多的公司使用 SlideShare 展示金融、技术及其他很难在自己网站上用传统工具（如图形或文本）显示的深度信息。SlideShare 让这些企业以一种全新的方式跟潜在客户建立联系。辉瑞（Pfizer）使用 SlideShare 发布其财务报告，有意者可以凭借这一对用户极为友好的方式访问该信息（http://www.slideshare.net/pfizer）。

SlideShare 可以用于多种目标，其中最受欢迎的是社区建设、专业知识展示和内容营销。SlideShare 是特别有效的消费勘察工具。员工识别软件公司 Achievers 希望从人力资源高管处带动更多的潜在客户，用 3 个月的时间设计了一套策略。公司在社交媒体上分享有力的内容，凭借 SlideShare 成为了该领域的思想领袖。公司推出了 5 套专为该网站设计的演示文稿，并在其中利用了 SlideShare 勘察消费前景的潜力。Achievers 在其社交网络和博客上分享了这批演示文稿，短短 7 天之后，就收到了人力资源高管发来的大量填写规范的消费表格，这些潜在客户构成了该周社交媒体总勘察客户量的 77%。在最初 7 天，演示文稿得到了 42 000 次浏览，从 SlideShare 前往 Achievers 官网的流量，在来自社交媒体的总流量中占 30%——比 Facebook 和 LinkedIn 两者加起来的推荐流量还多。[155]

依靠 SlideShare，哪怕你出差的时间极为有限，也可以扩大全球影响力。企业软件公司 Salesforce.com 的目标是，让更广泛的受众看到自己的内容，并为自己多样化的内容创造出品牌一致性。

Salesforce 制作了数以百计的演示平台、教程、电子书、信息图表和白皮书。"此前，各团队都是独立申请 SlideShare 账号，"Salesforce 的社交策略和内容营销总监詹妮弗·伯纳姆

（Jennifer Burnham）说，"因为整个过程太过分散，我们无法建立协同的品牌形象，也无法对不同团队发布的不同内容建立清晰的整体认识。"为将所有内容整合到同一个地方，为主力频道带来更多的流量，公司在 SlideShare 上创建了一个定制的品牌网络（http://www.slideshare.net/salesforce）。

私密分享等高级工具增强了 Salesforce 内部的协作。演示文稿、文档和视频被上传，并与团队私密分享，进行评价。但詹妮弗说，公司认为使用 SlideShare 后带来的最大好处是，能够跟潜在客户、合作伙伴和现有客户"对内容进行互动，并让内容能被他们找到"。

"有了 SlideShare，我们能扩大自己最优秀内容的接触面，让那些不一定熟悉我们品牌、不曾访问我们网站、没出席过我们活动的人看到它们。"詹妮弗说，"究其本质，在 SlideShare 建立发布平台，让我们扩展了内容的接触面和生命周期的价值。"

SlideShare 的消费勘察功能帮助 Salesforce 生成了数以百计的销售线索，并对其质量进行评估。比如，云销售团队在 SlideShare 发布了电子书《社交销售革命：先人一步的七个步骤》（*Social Sales Revolution*：*7 steps to Get Aread*），共收到 16 900 次有机浏览，收集到 300 多条合格的销售线索。Salesforce 公司的 CEO 马克·贝尼奥夫（Marc Benioff）的 keynote 主题 "欢迎来到社交型企业"（Welcome to the Social Enterprise）在 SlideShare 上获得了 122 000 多次浏览——

在 SlideShare 上调动参与的窍门

- 别老想着在每张幻灯片上都塞入太多内容。

- 不要使用看起来廉价的图片，或是常见的图库素材。

- 在演示文稿的一开始就指明问题，接着给出解决方案。

- 对演示文稿来说，少即是多。只在人们希望了解更多细节的时候补充细节。

- 限制演示文稿的长度。如果太长，人们可能会丧失兴趣。

- 把演示文稿嵌入你公司的博客里，链接到你的社交网络账户上。

- 回复评论，引发讨论，提供更多的信息。

- 为演示文稿起一个吸引人的标题来抓住受众的眼球。

- 善用标签功能，方便人们寻找。人们经常会在寻找具体东西时遇到演示文稿，所以要找到最合适的标签来描述它。

- 不要让演示文稿显得像是直白的产品广告。一定要提供人们觉得有用的信息。

- 在传达要点时，请考虑使用图片或图表，不要光用文字。这样一来，你能在幻灯片里展示更多的东西。

- 用 SlideShare 创建一个专家社区：IBM 的频道以行业主题为基础。

- 较之下载公司报告，SlideShare 可以充当一种更便于消化的替代选择。

- 利用分析功能了解人们对你的演示文稿有多投入，并根据这些信息调整你的视觉内容策略。

- SlideShare 是一种优秀的消费勘察工具。在演示文稿的结尾，要用它所有的消费勘察功能发起相关的行动呼吁。

比只做现场讲演，或只张贴在 Salesforce.com 网站上得到的浏览量要多得多。[156]

　　合适的 SlideShare 内容可以为你的针对性受众带来巨大的价值。配合列表、引言和统计数据（围绕特定主题聚合宝贵的数据或建议），幻灯片在这一渠道的表现很出色。提供宣传和影响力营销平台的 BRANDERATI（相关披露：叶卡捷琳娜是该公司的创始人兼首席营销官），用富有视觉吸引力的方式展示了一整套宣传和影响力营销数据集合，做出了一套幻灯片，名为"宣传和影响的时代：营销人员应当知道的 26 个统计数据"。这套幻灯片被 5 000 多人浏览，为公司提供了大量的客户线索（http://www .slideshare.net/Branderati）。

如果你想使用内容营销来扩大在商业及产业界专业人士中的受众，那么，较之其他网络平台，SlideShare 是一条明智的替代渠道。它能轻松地跨平台分享 SlideShare 内容，并可在其他网络上加以推广，这能为你带来天然的优势。

Google+

2011 年 11 月，Google 推出了品牌页面，方便品牌和企业使用其社交网络平台。因为 Google 是全世界最受欢迎的互联网搜索引擎，迫切希望改善 SEO（搜索引擎优化）、跟进社交媒体趋势的企业主们闻风而动。

对企业而言，Google+ 提供了许多其他社交网络的优点，以及一些独特的优势。它有着类似 LinkedIn 的商业心态：开放的接口，网络优势。它有着 Facebook 的可用性，又有着 Twitter 侧重于新闻和兴趣的方面。它的优势在于开放性、社区功能和内容流构架；在热衷于与受众联系、动员受众以及建设新网络的品牌看来，它拥有巨大的潜力。

许多加入 Google+ 的品牌尚未显示出真正的参与热情；它们还不太确定，Google+ 能提供哪些 Facebook 做不到的事情呢？不过，近来有关商业机会的喧嚣日长，越来越多以技术为核心的企业为之心动。新用户的数量只是一方面的考量。另一方面，也要看看新用户是些什么人：这是一些精通技术、具有商业头脑的人，他们渴望联系、分享和参与。

当你第一次打开 Google+，一定会惊讶于个人资料页面中视觉元素所占的突出地位。封面照片扩大到了 2 120 × 1 192 像素，所以你可以尽情炫耀公司的视觉一面。不过，既然封面图片在资料里占主导地位，一张平庸的照片就可能叫人兴味索然。所以，有必要像对待一场营销活动那样，投入尽可能多的精力去挑选、拍摄照片。

Google+ 的外观干净、组织得当，但它真正的优势还在于"人际圈"（Circle）功能：从一开始，你就可以按兴趣或行业来区分你的联系人。对品牌而言，"人际圈"功能创造了以不同方式跟客户、员工、同行、媒体和其他企业互动的新潜力。新闻和更新可以只跟相关受众分享，这意味着品牌能与同事和客户展开完全不同的互动。

Google+ 最出色的一项社区功能是"视频群聊"（Hangouts）。你可以跟特定的群体进行私密视频聊天，也可以公开聊天，或将之录制下来服务于营销目的。视频群聊的记录会自动发布到 YouTube，有助于让你接触更广泛的受众。

Google+ 用名为"涟漪"（Ripples）的功能取代了直白的数字和统计数据，它用图形显示帖子跟其他用户的互动情况（比喻成"涟漪效应"很形象）。看到自己的信息传播到了多远，引起了什么样的互动，是很有用的。

Google 的"+1"功能，跟 Facebook 的"赞"按钮很类似。"+1"功能让用户表明自己赞同内容，或对内容感兴趣，如果用户愿意，还可以在自己的内容流里进行分享。

STATS

有关 Google+ 的事实和数据

- Google+ 现在有超过 2.5 亿个账号，全球约有 1.5 亿活跃用户。[157]

- Google+ 已经超过 Twitter，成为世界第二大社交网络。[158]

- Google 是世界上最受欢迎的搜索引擎，使用者当中只使用这一搜索引擎的人占 80%。[159]

- 美国、印度和巴西用户在该网站上最活跃。[160]

- Google+ 的用户是学生、开发人员、工程师、设计师和摄影师的概率较高。[161]

- 相当一部分（42%）用户是年轻人，大多在 18 ~ 24 岁之间。[162]

- 视频是 Google+ 上发布第二多的内容类型，而在 Facebook 上，视频一般进不了前四名。[163]

- 总的来说，Google+ 上的顶级品牌多为传统男性品牌，而且有更多的男性受众，比如汽车品牌、足球俱乐部、招贴画、博彩公司和技术博客。[164]

Google 对 Google+ 的核心愿景是，将 Google+ 的互动数据集成到常规搜索引擎当中。Google 是世界上最大的搜索引擎，在 Google+ 上分享的数据可以得到优先搜索，而这足以对你的搜索引擎优化产生巨大的影响。地方企业登录 Google+ 同样重要，因为它们的资料页面会自动整合到 Google 地图里，人们搜索当地企业时能看到更多有关你的信息——这能为你带来竞争对手所不具备的优势。

All In PR 公司（这是一家针对职业运动员和非营利组织的数字公关企业）首席执行官布莱特妮·博格斯（Brittney Bogues）发现，Google+ 对自己的业务非常关键。在她看来，该平台与 Google 其他工具实现集成，让 google+ 的意义远远超出了单纯的社交网站。"它方便我们管理日历，建立内外网络，时刻跟进当前事件。我们能为客户以及自己的数字账户添加实时内容。"

"甜美生活方式天后"尤兰达·索珊娜（Yolanda Shoshana）经营着一家女性生活方式公司。她是一位演讲家、顾问、作家兼婚礼司仪，她主要把 Google+ 页面作为营销工具。她说，该平台让她跟其他专业人士建立了人际网络，这为她带来了许多商业机会："靠着 Google+，我在剧作上一直得到推荐，受邀以专家身份参与了几场演出。我还找到了一份为期 6 个月的高薪专栏撰稿工作，因为 Google+ 上有人关注了我的作品，为我做了推荐。"

当然，利用全世界最大搜索引擎的社交媒体平台还有一项关键的优势。阿什利·诺顿（Ashli Norton）是 SimpleLeap 软件公司的创办人之一，该公司开发了应用软件 Workitywork（帮助团队以有趣和互动的方式管理工作日）。她发现，通过整合 Google+，提高了自己公司的网络形象。"我注意到，较之在 Facebook 公司页面或者 Twitter 上进行分享，我在 Google+ 上分享的链接会更快速地登入 Google 的搜索结果。"

对希望在市场上保持领先地位的企业来说，快速索引链接至关重要。毫无疑问，在搜索最新信息时，Google 会优先寻找自己的社交网络。

尤兰达说，利用视频群聊功能（实时视频聊天服务，为该平台所独有）为她带来了最多的结果。Google 推出了"视频群聊直播"（Hangouts On Air），你可以向任何想看的人播放视频群聊。尤兰达对这一服务感到非常兴奋："新增视频群聊直播功能后，我会把自己的网络脱口秀改版，推出系列讲座，跟我的关注者和粉丝建立联系。"

阿什利发现，Google 人际圈对自己的公司是最佳的人际开发工具："我喜欢向小群体分享特定的新闻，提出问题。另外，到了要寻找联系人的时候，比方说，找到某个对我们公司所做业务感兴趣的人，我会直接打开相应的人际圈，接触每一个对此感兴趣的人。"

一开始，布莱特妮·博格斯发现，Google+ 功能众多，让人无法快速上手。她建议说，企业不妨从"Google+ 之旅"（Google+ tour）入手："它有助于你把握软件的精华功能，指明了如何利用该平台组织业务。你会希望员工理解 Google+ 所有不同的层面，充分利用它的长处。"

和其他社交网站一样，只要企业运用得当，Google+ 就能帮助它们取得成功。布莱特妮、尤兰达和阿什利都深知在社区内分享信息、建立联系的重要性。"没人想要整天听你谈自己的生意，或者只谈自己的生意。"阿什利说。"针对每一条与业务相关的信息，你都要保证跟进另一些有趣的信息。要显得有人情味，保持趣味性。"[165]

摄影师特雷·拉特克利夫（Trey Ratcliff）在 Google+ 上有近 550 万关注者。他借助自己的视觉天赋，利用 Google+ 把图片放在中心环节，为自己积累了惊人的受众群。凭借视觉社交策略技能，他发布的帖子经常得到 2 500 多次"+1"，并为成百上千的人分享。

营销人员也可以用拉特克利夫的策略来为自己的品牌构建受众：

- 试着通过图片来讲述故事，并通知每一个相关或感兴趣的人。
- 对所发文章和图片可以分享、激发他人灵感的用户，要加以关注。拉特克利夫说，"我认为，组织好自己的关注名单非常非常重要。我需要源源不断的灵感和设想，所以我跟能给我提供点子、让我开心、让我思考的人建立起人际圈。"
- 主办视频群聊活动，并在 YouTube 上分享。
- 在 Google+ 上分享你的 YouTube 视频，让两个网站互相促进。

- 以视觉形式分享你公司的幕后活动，讲述故事。又或者，讲述客户的故事，以及你的产品如何改善客户生活的故事。为图片添加精彩标题，让它们能靠自己给人留下印象。

- 定期指向你的网站，好让客户了解更多细节。拉特克利夫说，"我觉得，如果你能接受超级有机主义社群这一比喻，那么，Google+ 和它的这些工具，就像是一条气味的轨迹，能够让你通往更大的食物源。"[166]

Google+ 在技术敏感的年轻人中大受欢迎，这让它成为渴望联系这一部分群体的品牌的首选网络。

2012 年伦敦奥运会赞助商、巧克力制造商吉百利希望在这一群体中扩大受众，决定使用 Google+ 的一些独特功能来构建用户社区（https://plus.google.com/ CadburyUK）。公司的目标是调动 18～25 岁的受众，从其他奥运赞助商中脱颖而出，提高自己在创造性和创新方面的声誉。

从一开始，吉百利就将 Google+ 的潜力全部开发了出来。吉百利分享粉丝们在其他地方找不到的独家创意内容。举例来说，特别版 Google+ 巧克力棒是专门根据该页面设计的，吉百利甚至按照自己的 Google+ 页面制作了一款巧克力。"我们真正在尝试只有 Google+ 才能做的事情，"吉百利社交媒体社区经理杰瑞·迪肯（Jerry Daykin）说。

公司依靠人际圈将信息定位到兴趣不同的用户上，比方说，对"品酒师圈子"分享食谱、发布奥运新闻、收集反馈信息。

吉百利团队经常广播视频群聊，让粉丝们有机会跟奥运选手和巧克力专家互动。靠着推广自己的视频群聊，吉百利把自己的 Google+ 关注人数扩大到了 15 万："视频群聊真的很棒，不折不扣

在 GOOGLE+ 上调动参与的窍门

- Google+ 支持长文章，你可以把较长的学术文章跟更通俗的短文结合在一起，再搭配图片和视频。

- 充分利用人际圈功能，跟不同的群体分享不同的内容，让所有人都获得跟自己相关的信息。

- 请记住，活跃的档案简介能在 Goolge 的搜索引擎上为你带来位置的提升，所以要努力保持内容的新鲜度，定期发布信息。充分利用视频群聊，把它们当成推广素材。你可以向关注者广播视频群聊。

- 把人加入人际圈时，认真思考怎样给他们添加标签。不要光把他们当成"关注者"。明确划分人际圈，向每个群体分享有针对性的信息，才能让该功能发挥最大作用。

- 用"事件"（Event）功能来向人际圈推广其有可能感兴趣的产品发布、会议、讲演或颁奖活动。它会发送邀请，并同步到 Google 日历中。

- 你可以利用"涟漪"功能来观察自己帖子的分享情况。如果一些有影响力的关键人物大范围地分享你的内容，你或许希望与之建立联系，以扩大你社交媒体的接触面。

- 在"关于"（About）页面使用贴切的关键字和链接，以推动搜索引擎优化。

- Google+ 有强大的搜索工具，可以用它往你的人际圈里增加企业、同事或志同道合的人。

- 如果你希望在 Google+ 分享内容，一定要在公司的网页或博客上加入"+1"功能。

地让人们面对面了，"杰瑞说。"到一天结束的时候，人们就是喜欢面对面地交流，不是吗？有了社交媒体，我们从面对面变成了彼此打字发信息；所以，让人们再次面对面挺有趣的。"

　　关注者的数量迅速增长，有趣内容不断发布，吉百利的页面成了 Google+ 的热门，而这又进一步推动了关注者的增长。

结果令人印象深刻：

- 吉百利所有 AdWords 宣传的点击率提高了 17%。

- 每天持续在 Google+ 上新增 1 万名关注者。

- Google URLs 带来的流量增加了 7.5%。

- 总关注人数达到了 300 万以上。[167]

吉百利展示了如何充分利用其 Google+ 的档案简介，将它与范围更广的营销活动或产品发布链接起来，但专门针对 Google+ 受众定制内容。

Google+ 背靠 Google 搜索引擎的力量，营销人员就算不顾及其他因素，只看中在 Google+ 的档案简介页面分享信息带来的好处，也是很明智的。但如果你想在精通技术的年轻人群中扩大受众，Google+ 会是与之建立联系的绝佳场合。Google+ 网络发展迅速，想想你可以怎样借助它独到的功能，让你的品牌（和你的社区）充分把握优势。

设计视觉营销路线图：从战略到实施

如果你跟我们是一路人，集体讨论、策略会议和内容计划能让我们的心脏朝着好的方向跳动得快一些。把视觉营销整合到社交媒体计划当中，构建一幅旨在实现长远成功目标的战略路线图，是一个极其令人激动的时刻。

视觉营销不仅仅是制作炫目的图像、视频和其他视觉效果，而且是一种思维方式。为了成功，你的视觉营销程序必须有明确的、与关键商业目的相契合的目标。要实现这些目标，企业需要认真地将当前努力与未来想要前往的方向做对比。确认优势、劣势和机遇，有助于判断还需要哪些额外的资源来实现目标。

除了设定目标，内容规划也是有策略地设计视觉效果、生动讲述企业故事的关键。对你能控制的环节加以规划，积累一套强劲的视觉库，有助于在意外情况发生时让公司能够灵活应对。它还能让你更关注内容的传播与动员，两者都是视觉营销成功

> 有战术而无战略，比什么也不做还糟糕。[1]
> ——李·埃文斯（Li Evans），《社交网络营销：Facebook、Twitter 及其他社交网络的参与战略》（ Social Media Marketing: Engaging Strategies for Facebook，Twitter & Other Social media ）作者

的关键绩效指标（key performance indicators，KPI）。本章中，我们将提供用于衡量项目成功程度的建议和资源，向你展示如何借助正确的分析及时调整视觉内容策略。

有必要指出，不管你拥有多少资源和人手，都可以应用本章所分享的循序渐进的流程和解决方案。我们经常听人说，"挺好的，但我的部门就我一个人，"或者是，"我是个小企业主。"得了！激情、热情和乐观积极的态度，是你投入视觉营销所需的第一样东西。一些最优秀的视觉营销都来自小型企业，因为它们每一天都沉浸在自己的叙事当中。我们在这里提供的只是一道开胃菜，整个流程已经架好，它能帮你从不同的视角观察、理解周围的视觉世界。

你准备好了吗?

设定目标

不可否认，社交网络可以是一套强大的工具，但很多时候，公司往往只顾着制作内容，却没有进行整体考虑。更糟的是，整个公司的不同部门提出随机的请求，在社交网络内容日程上争抢空间。别陷进这种糟糕的循环，要把你的视觉营销战略与公司的目标、对未来的展望协调起来。无论是企业、营销、品牌还是客户关系管理（customer relationship management，CRM）目标，只要围绕关键的商业目的架构，视觉营销战略都将更有利于打动目标受众。

你很容易把这当成是限制条件，但事实截然相反。清晰地理解视觉营销在实现公司社交网络目标中所扮演的角色，是创造性的催化剂。它有助于你定义子集的愿景，确认哪些要素能让你的视觉营销变得更加生动。它有助于你确认位于战略核心的支持性主题、内容框架、视觉要素和社交网络平台。它还有助于确定视觉营销项目该用哪些指标来评估成功程度。

关键是要设定合理的目标。选择几个对你的业务最重要、又能通过社交网络实现的可行目标。下面几个例子来自顶级公司的视觉营销目标：

- 知名度和教育
- 品牌
- 差异化竞争
- 消费者参与
- 企业社会责任
- 保有客户
- 粉丝和社区发展
- 消费勘察
- 忠诚度
- 正面的媒体
- 产品发布
- 促销
- 推荐链接流量
- 销售
- 思想领导

说到构建视觉营销项目时目标所发挥的作用，在巴宝莉的"Art of the Trench Tumblr"（意为风衣的艺术 Tumblr）及网站上可以找到很好的例子。这场营销推广活动于 2009 年发起并持续至今，网站上形容它说"风衣和风衣客们的活文档。"[2] 巴宝莉以拥有风衣、想要拥有风衣的人士为目标受众，围绕提高知名度、带动推荐链接流量、提高销售量、巩固品牌设定了目标。

整个故事的支持主题用形形色色的男女、儿童的照片从视觉上做了讲述。人人都有着样式不同、造型独特的风衣，主题也就相应地分为个人风格、质量、大众吸引力、耐磨性等方面。

通过策展视觉营销体验，提高了顾客对巴宝莉公司的认知度，以及对风衣范儿的欣赏。"风衣的艺术"网站（www.artofthetrench.com）推出一年后，得到了来自 150 个国家的 750 万次浏览，点击到巴宝莉网站的转化率也高于平均值。[3]

审核与分析

确定了整体目标之后，就必须弄清自己当前努力的程度。首先是对内容进行审核，看看你在各社交网络渠道上的努力效果如何，并将之与公司的整体社交网络讨论做交叉参照。尽管审核这个词听起来有点叫人胆寒，但我们要让这个过程尽量简单。重要的是，你要弄清当前内容的分配状况如何，你的内容主题是否与社交网络战略目标、关键业务目标相吻合，你内容的优点、不足和机会分别在哪里。

评估当前的努力

如果你已经拥有一套可测量社交网络内容努力程度的系统，那很好。如果你还没有，我们建议你建立一份 Excel 电子表格。

此过程的目的是确认你当前的社交网络内容策略是以怎样的形式支持你的目标，并确认表现最佳的内容主题和类型。最终的目标是对当前的项目加以评估，创建基准，以测量你的视觉营销努力是否产生了正面效果。

我们完全理解，一些公司可能才刚刚起步，而另一些公司已经把视觉元素融入社交网络内容颇长时间了。不管怎样，这个练习会强迫你评估自己在各大平台上的努力，更深入地挖掘你输出的信息和内容类型背后的基本原理。

根据你在社交网络上发帖的频率、你手头的资源和工具，为这些指标的运行确定一段合理的时间框架。如果你能用 3～6 个月建立较大样本量，那再好不过了；但如果你只有两个月的时间，尽力就好。

跟踪数据

如果你决定采用一种非常基本的方式来做自我审核，借助 Excel 电子表格，你可以看到在内容取得成功的过程中发挥作用的关键因素。根据你的社交网络受众，帖子有可能在一天中的特定时间段更为有效，又或者你的粉丝喜欢照片多过视频。为评估这些因素，你需要创建一份电子表格，为你注册的所有社交网络平台建立单独的选项卡。以下每一项都放在单独的行或列中，以便按需过滤。

- 日期
- 一天中的时间
- 星期几
- 内容类型：例如，照片、视频、文本

- 内容主题：例如，产品、促销、销售、思想领导、趣味性
- 该平台的参与指标：每一指标单列为一个选项卡或单设一行（如点赞、评论、分享、转发和点击）
- 该内容的付费媒体支持：例如，美元价值
- 每篇帖子的参与率
- 帖子的情绪：积极的、消极的、中性的
- 决定性战果

帖子、微博等的参与率，可以使用如下简单快捷的方法来计算：

- Facebook。用 Facebook 的页面分析看你的帖子的"扩散性"。如果你喜欢自己计算，可以用点赞、评论和分享除以每个帖子的总接触人数。
- Twitter。基本的参与率，可以用回复和转发数除以你当天的关注者人数再乘以 100。
- 等等。

决定性战果可以是登上了新闻，得到了有影响人士的回应，成了热门话题，带来了数量惊人的潜在消费者等。回忆这些情况可能比较困难，但趁着记得住把它们记录下来是有价值的，因为有时候光是数字并不能说明整体情况。

分析原始数据

将上述数据输入电子表格之后，你就可以按各项因素进行过滤，

从趋势或主题的角度观察原始数据了。评估这些构成组件，再加上你的内容在各社交网络渠道上的参与率，是瞄准前进目标的一个重要步骤。

在考察社交媒体内容指标时，你应当问自己如下一些问题：

- 我的发帖频率是什么样的：比如，每周发帖多少次？在一天的什么时候发帖？

- 我的内容结构是什么样的：纯文本、照片、视频、信息图表、演示文稿，等等？

- 在各社交网络渠道上，我发的帖子有多大比例是视觉性质的？

- 我发布的帖子多以什么为主题？

- 我是在各平台发布相同的内容和创意，还是按照平台对内容进行个性化调整？

- 这些主题跟我想用社交网络支持的关键业务目标相一致吗？

- 我漏掉过什么话题吗？

- 我的帖子里是否体现了我公司的声音、个性和企业文化呢？

- 目前我的公司在哪一家社交网络平台上表现最好，在哪一家表现最差？

- 我在各社交网络平台上排名前 5 ~ 10 名的帖子，都有什么特点？

- 我的帖子有依靠付费媒体支持的吗？如果有，付费情况怎样？付费频率如何？这些帖子属于什么类型？

- 在过去一年，我公司的社交网络内容是否取得了什么决定性的战果？

倾听客户的谈话和情绪

除了分析社会网络内容的努力之外，你还需要倾听客户在网上是怎么谈论你所在的公司的。出于以下几个原因，有必要分析客户的常见问题、整体情绪、社交网络平台偏好，以及他们对视觉元素的使用情况。首先，这能让你判断你发布的内容跟客户希望从你这里听到的内容是否相符。其次，社交网络上有关你公司的讨论，相当于高效的焦点小组。知道客户有什么样的常见问题、他们在抱怨什么，有助于推进你的视觉内容策略。它还可以帮你看出应该多花时间侧重于哪些社交网络平台，以及使用什么样的视觉效果。

以下是你应该倾听的东西：

- 常见问题

- 对话主题

- 对话情绪：按总体，以及按热门话题来看

- 按主题、按每天的时段、按每星期第几天来观察对话高峰

- 偏好的社交网络平台

- 经常使用的视觉效果：例如，照片、视频等

一般而言，迅速收集这些信息的最佳途径是购买 Radian 6、Sysomos、Social Mention 等工具性软件。但如果你的预算紧张，这些软件恐怕略嫌奢侈了。如果你没有购买社交聆听工具的预算和资源，也可以采用传统的方法。你可以对内容进行审查，评估粉丝对每一段内容的响应，借此分析你的社交网络平台。比如，如果你上的是 Facebook 或 Instagram，要仔细浏览评论。看看粉丝们的回应是否跟内容的主题相吻合，他们的评论的情绪怎样。如果他们的反应

大多数都跟内容主题相偏离，那就仔细检查一下你的关键主题。

你还可以在各主要社交网络平台上搜索你的公司，试试一般性闲聊的"温度"。Facebook 的隐私设置或许有些挑战性，但借助标签也能发现一些有趣的结果。Twitter、Instagram、YouTube、Vine、Pinterest、Google+ 和 Tumblr 都非常便于搜索。要了解人们在分享什么，他们怎样分享——新闻文章、店内体验的照片、对产品或服务的评价，等等。社会聆听工具靠的是账户设置公开的用户，这意味着你无法得到所有客户的数据，但就样本规模而言也挺合适。

社交网络运用最得当的程度，是让你的公司和客户进行持续的双向对话。如果你能依靠社交聆听来激发那些能带动对话和参与的内容设想，你就朝着击中关键目标又迈进了一步。

对审核进行总结

审核完你在网络上的努力和消费者对话之后，总结出最关键的 5 ~ 10 点心得体会。什么东西跃然纸上了呢？是星期一上午帖子的表现总是高于平均水平？或者，你的消费者为你的产品拍了大量的照片？客户在 Facebook 上谈论一件事情，在 Twitter 上则谈论完全不同的东西？你甚至可能发现客户一遍又一遍地提出同一个常见问题，又或者你发现了自己产品有了一种意想不到的用途。所有这些心得体会都可以转化为内容日程上的主题。

根据你的资源状况，定期开展这一程序是很好的。就算做不到，每个月做一次概况审核，每季度做一次深度审核，也有助于你保持自己处于前进的轨道上。它还能确保你不错过任何可用于内容设计的新主题和新趋势。客户某个月在讨论某件事情，并不意味着它会永远持续下去。社交网络上最优秀的公司和品牌总是力求根据需要灵活变化，调整内容主题。

只有仔细观察自己的努力，我们才能弄清自己的优势、弱点和机遇。研究你现在的努力，研究你的客户怎样看待你的公司，是规划内容和衡量努力的关键。除此之外，如果以后再有同事把完全跑题、完全偏离战略之外的发帖请求放到你桌上，你就可以用它作为拒绝的理由。

一旦品牌使用数据和历史分析来优化参与策略，就会看到品牌的影响力比随机使用视觉效果出现显著提高。

> BRANDERATI 的团队发现，使用数据优化的内容策略，能让品牌的社交参与度提高 2 000% 到 4 000%。使用数据优化的视觉元素，能让品牌的社交参与度提高 40%～60%。

叶卡捷琳娜和她在 BRANDERATI 的策略及客户服务团队，都深深地信奉上述数据优化方法。没错，他们使用专门的分析和参与工具来回答上面的问题，效率比人工分析更高。而且，这样做以后，他们帮助大量客户在社交网络上达成了超过从前想象的受众参与度。

BRANDERATI 团队分析了过去两年来自多个品牌和行业的数据，发现利用数据优化的内容策略，提高了企业客户在社交网络上的受众参与度。就连已经在社交媒体上有了相当规模粉丝和知名度的品牌也发现，较之发帖时随机选择视觉元素，使用历史数据优化、策略性地放置视觉元素能明显提高每月参与度。

用这种策略实现成功的品牌案例之一来自 DIRECTV。该公司的内容策略包含了大量各种各样的元素，如电视、明星新闻、电影和体育新闻，此外还加上对 DIRECTV 服务和特性的完整介绍。对一个有着多元化内容策略的品牌来说，关键是要找出最受欢迎、最相关的内容类型，借此带动最高的社会参与度。DIRECTV 与 BRANDERATI 合作，围绕 2013 年夏天的品牌内容，确定了参与度的峰值。他们发现，DIRECTV 发起有关真人秀剧集《鸭子王

朝》（*Duck Dynasty*）的社会对话时，其 Facebook 的参与度提高了
148%！凭借这些信息，DIRECTV 决定发起一场跟《鸭子王朝》相
关的、规模更大的三轮参与项目。

第一步是开发每周内容安排表，增加《鸭子王朝》更新及主演们
出现的次数。团队设计并发布了当季节目首映的倒计时图片，大受粉
丝欢迎。品牌也用这些信息不断发展在 Facebook 上的粉丝人数。公
司以拓展《鸭子王朝》的粉丝为目标。这次推广活动让 DIRECTV 借
助自己原本就在发布的内容类型，以较低的成本争取了更多的粉丝，
提高了参与度。此外，DIRECTV 还跟 A&E 电视网合作，推出了一款
与该节目相关的 Facebook 应用游戏。这款游戏名叫《鸭子王朝连连
看》（*Duck Dynasty Quack Match*），粉丝可获得每日抽奖、赢得奖品的
机会。这一方法，再加上各种类似的视觉策略，让 DIRECTV 在 2013
年夏季 3 个月里的每月总动员率提高了 56%（与前 6 个月相比）。

社交网络分析让 DIRECTV 更清晰地认识到粉丝们热爱的东西，
刺激并发展了粉丝社区。利用社会分析的结果，推动社交发帖策略
之外的营销活动，也是极其重要的，它能让品牌在自己的数字生态
系统之外取得成功。

设计和执行任何社交策略，都有必要了解你的受众是什么样的，
知道他们的喜好。研究粉丝对不同类型内容的行为和反应，将发现
的结果用于未来的战略规划，这是关键所在。

品牌使用这种策略的另一个例子是美国职业篮球联盟（NBA）。
利用对先前参与度分析得来的经验，BRANDERATI 和 NBA 的营销
团队合作设计了一套创造性的社交内容策略。

2013 年季后赛期间，他们发布了一系列的文章，名为"我们在
挺进"。这次发帖推广活动为 NBA 带来了极好的效果。每轮七场四
胜赛决出胜者之后，营销团队就发帖，并配上获胜球队的图片，辅
之以如下信息："我们在挺进（半决赛、决赛，等等）。"Facebook 相

> 视觉叙事是艺术与科学的融合，在投入媒介和界定该媒介的文化氛围时，要用目标和共同价值观去平衡有意宣传的信息。这些信息不仅仅要供人消费，也要供人分享……同时发挥教育、告知和娱乐的作用。
>
> **——布莱恩·索利斯**（Brian Solis），
> 数字营销大师

册对 NBA 品牌的效果也极好。所以，团队设计了系列相册，内容是对每轮系列赛的结果进行的预测。例如，从热火队与马刺队在总决赛的七场四胜赛一开始，相册就贴出了 8 张图片，每一张都代表未来可能出现的结果（热火队在七场比赛中都获胜；马刺队在七场比赛中都获胜；热火队赢了六场比赛；马刺队赢了六场比赛，依此类推）。营销团队还鼓励球迷分享图片，预测哪支球队会赢、赢多少场比赛。这两次宣传活动在页面上创造出一种一致感，也为 NBA 带来了可重复的成功模式。

除了这些推广活动，团队还希望发布几篇能真正脱颖而出、创造口碑的帖子。有一个设想是为热火队和马刺队分别设计总冠军戒指和横幅，发布倒计时帖子直至总决赛的第七场比赛，甚至发布庆祝父亲节和 NBA 社交媒体奖的帖子。球迷们喜欢死了！连"看台报告"（Bleacher Report）、福克斯体育台和 NESN 频道都选中了这些帖子。这种视觉策略和创造性思维带来的分享次数，比前些年的帖子暴增了近 6 倍。

塑造你的视觉故事

现在来到真正让人兴奋的阶段了：把你的目标、当前的社交网络内容努力以及新获得的知识，转换到你的视觉营销项目当中。只要稍做规划，就能让你的努力在较长时间内保持策略性和方向性。

目标大概可算作视觉营销项目的支柱，但你要把目标变成一个有力的故事，还需要有意义的支持性内容。把你分享的每一篇内容都当成视觉拼图的图块，要让每一块都为你公司想要沟通的宏大故事做出贡献。每一篇内容都需要明确的主题和观点，类似图书的章节或话剧的幕次，外加便于读者理解的导读信息。内容还需要在声音、个性和价值观上与公司保持一致。把所有这些主题编织在一起，它们就能塑造出你的视觉故事。

主题可以来自很多地方，所以我们建议做些练习，看看视觉内容可以以怎样的形式支持你的目标、公司的声音以及客户的反馈。

首先，列出你的目标，记下视觉内容有助于实现这些目标的首选方式。每个目标至少要找到三个支持性要点，但你也可以按自己的需要适当增加。如果你在不同社交网络平台上的目标有所不同，请针对不同平台分别执行这一流程。我们的示例如下：

仔细观察这些目标和支持性主题，它们有可能跟关键的品牌优势是一致的。很有可能，这些主题与公司标语、广告、使命宣言等要传达的信息点密切相关。如果你漏掉了公司某个关键目标或品牌优势，赶紧把它加上。

这虽然是好的开始，但它本身还不足以成为与客户沟通的具有凝聚力的视觉故事。接下来，仔细观察你公司的声音和个性。全部社交网络平台都需要比其他沟通形式更具人情味的交流。这是贵公司风度翩翩地展示个人声音的绝佳机会，有助于客户与你建立起一种不同的关系。

听上去或许奇怪，但为了唱响公司的声音，我们不妨玩一个"假想"的小游戏。如果你的公司是一个人，在现实生活中他／她会是怎样的？如果你需要有人帮忙来解答，不妨看看你在网站上、广告里、电子邮件和社交网络渠道中怎样跟客户沟通，借此引申出更多具有人情味的品质。记住，你希望用更讨人喜欢、更有人情味的一面投入社交网络的怀抱。突出这一点，有助于确定其他重要的视觉内容主题，鲜活地体现你公司的故事。

XYZ 公司的目标和支持性主题

1. 提高销售

   a）提高产品和服务知名度

   b）宣传促销活动、优惠券、优惠举措等

   c）新店开张或产品可用性的针对性沟通

2. 促进品牌差异化

   a）便于寻找的位置和长时间营业

   b）更多产品款式和具有竞争力的价格

   c）快捷友好的服务

3. 增加客户忠诚度

   a）向客户展示我们对他们有多么在乎

   b）展示我们的产品和服务在其生活与生活方式中扮演的角色

   c）与客户沟通我们怎样激励他们

最后一点（并不意味着最不重要，至少也是同等重要）是，回到那些你从网上收集到的客户见解上。有时候，我们想要成为怎样的人跟别人怎样看待我们，是两件非常不同的事情。视觉营销可以帮助你的公司弥合这些差距，把关键的价值观人格化，从而提升你的声誉。一定要找到个性上的优点与弱点，以便你制订方案，通过视觉内容有机地强化这些价值观。

除了个性上的优缺点，你还想从网上的消费者中寻找最常见的对话主题。务必要观察不同平台上的对话主题是否有所不同，因为这样做，能让你进一步针对最相关的受众使内容主题变得个性化。把这些主题和反馈跟你从营销、市场、调研和 / 或客户服务团队所得的补充信息整合到一起，以便将之构建到共同的主题或话题框架里：

XYZ 公司的声音和个性

1. 踏实的工作

    a）对质量的承诺

    b）努力满足客户、维系客户

    c）重视客户的反馈

2. 平易近人

    a）容易理解

    b）吸引大范围的受众

    c）没有不必要的花哨东西

3. 有趣

    a）讨人喜欢

    b）向你展示一段美好时光

    c）不断想出新办法来寻找乐趣

XYZ 公司的客户对话主题

1. 经常性地比较、对比产品及服务

2. 大多数人是在下班后的晚上购物

3. 喜欢免费样品和试用品

4. 经常评论店里播放的音乐

5. 对销售员的评价好坏参半

　　你开始看出可以围绕其构建视觉内容的主题了吗？应该看出来了。从 XYZ 公司的目标、个性和客户反馈来看，它的视觉故事应该围绕公司是一家勤奋、脚踏实地、以客户为中心的公司这一点来加以塑造。内容主题应该围绕公司把客户放在第一位、它的关键品牌差异点和促销上来提炼。对乐趣和脚踏实地这些元素加以发挥，公司可以设计如下生活方式内容：它的产品在消费者生活中扮演了怎样的角色，也可以谈论有趣的店内元素（如免费赠品，音乐播放列表等）。为帮助客户评价产品和服务，还可以撰写博客、拍摄视频。再结合顾客的购物习惯，大部分的数字内容应该在晚上发布。

以 XYZ 公司为例完成这个过程，我们展示了怎样依靠社交网络平台，观察公司目标、发掘公司声音、倾听客户反馈，从而塑造故事、确定重要主题以创建视觉内容。在下一节中，我们要解释怎样从主题、媒介和平台的角度来确定你的视觉内容配方。

确定视觉内容配方

成功的视觉营销人员懂得，奥妙都在配方里。要把不同类型的内容和不同的媒体（照片、视频、信息图表等）整合起来，保持视觉营销的新鲜感。有了配方，你能在不同的平台上针对目标受众提供更个性化的内容，从而实现你的终极目标：带动客户的参与，让他们经常性地回访。

对视觉营销而言，按平台对策略和内容配方进行个性化设定是很重要的。多个平台上内容重叠、反复使用的机会很多，但这基本上由平台的最佳实践以及客户的见解和喜好所决定，你可以通过社交聆听来发掘它们。

确定视觉内容配方的第一步是评估你在每一个平台上最适合的发帖、发推和钉图频率。例如，如果你每月在 Facebook 上发帖 30 次，你会想知道这些帖子里有多少能关联回你最重要、最契合的视觉营销主

信息发布（publishing）现在就像是巴黎咖啡馆。有时你阅读新闻，有时你逗弄可爱的宠物狗。

——约拿·帕瑞迪（Jonah Peretti），新闻聚合软件 BuzzFeed 创始人兼 CEO[4]

题。尽管概念很简单，但挑战的地方在于，社交媒体经理要面对各部门永无休止的发帖要求，所有人都希望在内容发布日程上占有一席之地。确定公式、制定清晰的计划不仅方便你组织内容，还能在下一回同事提出"在Facebook上弄点东西"的要求时教育他们一下。

　　本节中，我们将分享一些技巧，帮你确定内容频率，在每月的内容日程安排上对内容主题和视觉媒体进行跨平台分配。

频率

　　频率是我们在讲演活动上最常听到受众问起的一个主题，理由也很充分。公司发帖的频率应该怎样，很难推而广之，因为每一家公司都有所不同。针对你公司所在的每一种渠道，频率也是不同的。

　　我们首先假设，本书的读者已经登上了多个平台，做了一些工作，确定了这些平台各自所需的社交媒体内容频率。你或许是根据有多少必须分享的相关信息，以及发布视觉内容的资源、人手和能力作出这一判断的。除非你完全不发布，否则在你逐渐提升视觉营销努力的过程中，有必要坚持该频率。你已经根据现在的内容表现情况确定了基准标杆，故此保持一致性合乎情理，尤其是在开始的时候。如果你希望让自己的项目进一步提升用户参与度，调整频率会是很好的试错性解决途径。

　　过去几年有许多不同的研究被发表出来，揭示在不同网络上发帖的最佳时间。用Google搜索"最佳发帖时间"，就能看到大量不同的意见。有人说工作日最适合调动参与度，也有人说周末最好。数据存在争议。

　　虽然考察平均水平是有帮助的，但每一家公司有着不同的粉丝人数、人口统计、偏好和参与度水平，故此频率也有所不同。测定竞争对手的发帖频率也是一个好办法，你可以借此看看它是否跟你截然不同，如果不同，又为什么？同时，企业的管理者必然会问你这个问题，你需要回答出为什么你的方法与别人不同，原因是什么。有一点很重要：你无须采用竞争对手的方法；相反，你要专注于最适合自己公司的方法。

如果你以国际受众为目标，要注意哪些国家、什么时区来的受众最多。叶卡捷琳娜为英特尔管理 Facebook 战略及其全球影响力时，知道自己的国际受众充分多元化，不管她在什么时候发布内容，总能即刻得到点赞和评论。但即便如此，她也使用了分析来帮助自己达到参与度的最高峰值。她先是人工跟踪（早期），接着借助了 PageLever 等测试工具，观察参与度最大的时候出现在什么日子、什么时间段。

在不同的时间发帖，测试不同类型的帖子哪种效果最好，这一点同样重要。

归根结底，高质量的内容总是比单纯拼数量、拼次数的内容要强，尤其是如果能在大多数社交媒体平台上使用付费媒体，提高帖子或推文到达率的话。你绝不希望陷入为了内容而生产内容的循环，所以频率问题最首要的一点，就是要跟受众感兴趣的、觉得重要的、与之相关的东西保持一致。

在评估频率时，内容在不同平台上的保质期或生命周期是一项有益的度量尺度。因为每种社交网络平台的表现不同，你需要按小时测量你此后的 10 来条帖子、推文、Instagram 照片，等等。每个小时，计算你发布的内容有多少人参与——比如点赞多少次、评论多少条、分享多少次、@ 回复多少次、转发多少次、重钉多少次等。对像 Twitter 这样的平台，你甚至需要缩短时间考察间隔。找出参与度什么时候开始衰减并最终结束。通过这个简单的练习，你将更好地理解内容的保质期，有助于确定每天发布内容的频率，以及发布内容的时机。你还将了解到重新发帖时怎样才不会自我干扰，让内容得到最适宜的时间长度来发挥和表现。

据信，通常一条推文的保质期最多为 1 小时；一篇 Facebook 帖子的保质期为 24 小时。

分配内容主题和媒体

设定频率之后，就该确定每月的内容配方了。你应该根据社交媒体平台，将构建你视觉故事的最重要内容主题找出来。配方需要保持平衡，不光要有从持续视觉营销的角度讲最重要的内容，还要搭配目标、当前活动、问题、与客户进行的一般性交谈。将这些主题排列出来，按帖子数量或占每月内容百分比来为每一类内容分配频率上限。不同社交网络平台上的配方可能不一样。它根据你公司有多少新闻而有所变化，你也会为回应粉丝参与而略加调整。

在排列上述项目时，务必保证配方在"你希望客户了解什么样的你"以及"客户在寻找什么东西"之间保持平衡。内容还应该尽量乐观、有趣、激励和诱人。记住，人们上网并不总是为了读报纸。有时他们也想逗弄逗弄可爱的宠物狗。

勾勒出每月的内容主题，确定好优先度之后，在设计实际的视觉内容时便可用这些信息作为基准。概述内容主题，很容易可以找出什么样的信息最适合用照片、视频、信息图表、演示文稿和 / 或其他媒介来传递。规划还让你更便于监督社交网络：你用不着匆匆忙忙地确定帖子内容，可以一边发帖一边表达内容愿景。

为意外情况做好预案

我们都明白，考虑到社交网络的现实情况，规划是多么重要却又充满挑战性。转瞬之间有可能出现任何事情，比如危机情况，或是一条新的模因横扫世界。事前的计划有助于你的公司在意外爆发时能更灵活地调整身段。虽然这一切听起来很美好，但我们到底该怎样为意外做好计划呢？

诚实的答案是，你永远无法预测将要发生的一切。然而，你可以与公司的同事们合作，确认常见的偶发情况（正面的或负面的），并观察围绕它们创造视觉内容解决方案的机会。我们将在第5章详细讨论主动而实时地响应最新的病毒式轰动事件。但在本章，我们想做的是帮助你弄清该怎样在构建内容库时，根据过去的历史，提前预料关键的视觉内容机遇。

为达到这一目的，你需要建立一支跨部门团队，帮助你理解过去出现过的、需要快速响应的关键主题或问题。一般而言，这支团队应包括来自品牌和产品营销、公共关系、客户服务部门的员工。

品牌和产品营销

对于品牌和产品营销，你需要弄清有可能影响到销售和客户勘察的最重要因素。举个例子，如果你是一家家用电器商店，热浪袭来，兴许会让空调和风扇的销售激增。又或者，一场暴风雪之后，许多人都冲到店里买铁锹。在提前规划日程安排时，这些内容你不一定要写进去，但它对你的公司很重要。把天气视为构建支持关键业务目标内容的重要主题，你就能围绕热浪、暴风雪、干旱及其他气候事件编排通用的视觉内容，从而在竞争中先人一步。在下雨天把这些内容保存在你的内容库里！我是当真的！

你还应该向品牌及产品团队询问产品认知、竞争定位以及来年即将出现的行业重要趋势或变化。所有这些都可能带来战略转移，也展现了提前规划视觉内容的机会。

公共关系

对于公关团队，你会希望熟悉其年度计划，以及每月向新闻媒体呈交的重点宣传故事。这些主题和卖点不仅能为你的视觉营销项目带来额外的点子，还有助于你们维持声音的一致性。公共关系团队还可以提示你每年的重要活动，比如重要的奖项、排名、领导人讲演、激动人心的伙伴关系、重要的公告，等等。

你还应该问问公关团队，请他们回想过去的几年公司面临的最常见的需要加以应对的问题。人人都喜欢想到社交媒体有趣、积极的一面，但现实当中，你的商业实践、价值观、雇佣政策、客户服务是怎样的，你以怎样的途径、从哪里获取产品来源，这样或者那样的问题都有可能令你招来客户在网上的非议。这个过程的目的是为了更好地规划你怎样管理网上的这些敏感情况，以及是否存在机会利用视觉内容来帮助解决问题。比如制作一段视频介绍，回应客户对产品或服务怎样工作的疑问，或者让客户看一看制造你产品的工厂内部情况。这种做法还有助于你与公关团队进一步巩固关系，因为所有与敏感情况相关的应对，传统媒体、网络媒体都需要保持一致场。

客户服务

你的客服团队也是为意外情况进行预案的宝贵资源。根据公司的成立年限，客服团队或许已经收集了多年来客户的咨询以及官方回应。理解最常见的客服询问和评论（包括正负两面），能为视觉内容提供创意。根据过去的行为趋势，它还可以帮助你的团队预测视觉内容该怎样为常见问题、新产品发布、门店开张及其他类似事件提供更好的支持。

确保你的内容、日常的社交网络社群调动同客户服务保持一致，这一点也很重要。客服团队会是你在管理社交网络危机时的重要利害相关者。

归根结底，为意外情况做预案，其实变成了对意料之中的情况做预案。这么做能为你带来更大的灵活性，方便你驾驭来自预料领域之外的重要趋势。搭建丰富的内容库和内容集合，能为你节省宝贵的时间，以便将创意资源放到实时出现的机会上。

发布和参与策略

设定好内容日程安排、有了可供发布的帖子之后，有趣的环节来了：跟粉丝们分享它。在准备发布内容的时候，要保证公司里有人在倾听粉丝们的反应和反馈，并与之互动。如果你认为社交网络是一场持续进行的对话，发布没有人参与的内容就像是你自说自话，而不是跟人说话。

虽然本书的目的是传授视觉营销的最佳实践，但讲故事的乐趣有一半来自实时观察受众的反应。最擅长讲故事的人能让听众情不自禁地缩起脖子，屏住呼吸，甚至出声大笑，他们能让信息正中目标，创造出持久的体验。

你能够，也应该在社交网络渠道上这么做。利用你的视觉营销项目，根据拟输出的内容，发起一对一的谈话。你做了大量的工作让内容与业务目标保持一致，所以，身为视觉营销人，你的目的是要扩展对话及参与的时限，尽量长时间地让它保持相关。

在对话过程中，继续戴好你视觉营销的帽子，为引发更多的视觉创意，寻找额外的主题、设想或问题。每天都主动观察粉丝们分享的内容也是个好主意。粉丝们对视觉内容的点赞和好坏评论，有助于深化你与消费者的关系。它向消费者表明，你在场、你投入，你在意自己的公司、产品或服务在顾客们的生活中所扮演的角色。

制作并采购优秀的视觉元素

为了制订出有凝聚力的视觉营销策略，公司应该像数字策展人那样思考。在制作视觉元素时，关键是要在各平台上提供个性化的内容，同时保持语调和品牌的一致性。不管有多少预算或人手，用视觉元素推动创意的机会总是数之不尽。在本节中，我们将分享一些设计不同类型视觉元素的顶尖技巧，还会为你提供一些好用的工具、应用程序和其他资源。

传统图像

从许多方面看，摄影就像一张白纸。只要摄影师眼里有美，任何时刻都有机会将它凝固成一张照片。对企业来说，组织得当的照片不是什么新鲜概念——它们在自己的网站、广告、零售店和新闻媒体上早就在用了。然而，对社交网络友好、能引发实时响应的图片，却是个新概念。如果有人想要突破限制，把自己的图像提升到新的层面，不妨看看我们提供的摄影技巧。

像专业人士那样做：15 个社交网络摄影技巧

虽然你不必专门找个专业摄影师随时待命，但你需要一双稳定的手，并理解熟能生巧的道理。从那些制作一流社交图片的专业人士和公司学些技巧，你立刻就能学会制作动人的图像。

1. 调高分辨率。一定要从最高的分辨率开始，不管你用的是智能手机摄像头还是专业照相机。比如，苹果 iPhone 手机就有高动态范围（HDR）设置，能为你带来优质图片。做拼贴画时，一定使用分辨率差不多的图片。有了原始图像，你可以在事后随时往下调低分辨率。

2. 应用三分法。专业摄影师推荐三分法，即水平或垂直地将图像三等分，并将图像略微调得偏离中心，好让它更动人。

3. 多样性很重要。人们都说多样性是生活的调味品，这句咒语对你的社交网络图像是成立的。拍照时，永远尽量往多了拍，调整各种角度、设置，反复拍摄。你可以绘制出故事板，或者为要拍摄的内容列个清单，以便团队在摄影期间有所参照。

4. 为照片加外框。找机会为你的图片创建自然的框架，使用自然或有形的物品均可。如果你是用广角拍摄的，仔细观察背景发生的一切情况。一般来说，凌乱的背景越少越好。这能让图像更刺激。

5. 使用近景裁剪的图片。近景裁剪、整洁的图片能让观众快速、轻松地看到你想展示的内容，不管是令人垂涎的食物也好，还是项链上精致复杂的细节也好。

6. 多角度拍摄。不管是朝上、朝下，从正面、左侧或右侧拍摄，尽量用多个角度呈现你的图片。从不同角度拍摄的照片可能比纯正面拍摄更动人。

7. 使用鲜艳的颜色。无论鲜艳的地方是背景还是产品，色彩鲜艳都有助于图片脱颖而出。

8. 用打光照明或滤镜提高照片的亮度。一定要借助良好的打光照明或滤镜，让你的图片更明亮。编辑图片时你有大量经济甚至免费的选择，这让你的图片脱颖而出变得更容易。

9. 展示——但不强买强卖。不是每一张图片都需要展示产品，提醒观众"现在就买"或者开车去商店。庆祝节日活动，分享名人名言，发布跟公司生活方式有关的照片，这些都很好。

10. 鼓舞。通过图片，展示公司的生活方式、价值观、领导者的观点，或是你的产品和服务怎样有助于群众的福利、鼓舞你的社区。

11. 鼓励情感。无论是可爱的小狗，还是父亲节这一天的父子形象，只要时机恰当，别害怕展示你情绪化的一面。

12. 推动行为。用单腿或双腿小跳或者跃起的动作，为静态图片赋予动感，能让图片在新闻源里流行起来。

13. 发挥幽默感。不是所有图片都需保持严肃态度。找点乐子挺好的！

14. 拥抱创造力。图片用不着全都拿来展示某种物品。尝试用新的方法来展示你的产品或服务。把它们搭配在一起，让消费者停下来，与图片互动。

15. 深入幕后。给粉丝们提供一些他们通常见不到的事情，可以是你的办公室、名人的幕后情形，或是同事们为某人生日做的纸杯蛋糕。它会让客户觉得自己成为了你品牌的一部分。

照片拼贴画

在为怎样设计拼贴画寻找灵感吗？最合适的就是 Instagram 页面带给你的视觉体验了。Instagram 从开始提供桌面浏览体验之初，就展示了拼贴画的价值。尽管图片都是随机排列的，但如果把它们巧妙地放置到一起，就能带给你一种分类得当的美妙感觉。

各社交网络平台规定的图像大小

如果你所有的社交网络平台都接受相同大小的图像，岂非让事情很容易且高效？遗憾的是，在我们生活的世界里，社交网络并不使用统一的标准。因此，要策展社交网络图像，图片的大小至关重要。幸好，我们整理出了一份图表，动动指尖，你就能获得所有相关信息。

Facebook

● **封面照片。**851×315 像素。为了得到锐利清晰的图片，你可以先从两倍大小的画布（1 702×630）开始。Facebook 会对它加以调整，这样你就得到了正确的尺寸。

Facebook 建议：为了提高页面加载速度，请用 sRGB 的 JPG 文件，851 像素宽，315 像素高，100K 以内。对于商标或以文本为内容的图片，你可以使用 PNG 文件，以获得高质量的结果。

● **个人资料图片。**要上传的必须至少是 180×180 像素。Facebook 建议：上传品牌标志的正方形图像。矩形图像会被剪裁成正方形。

● **个人资料缩略图。**90×90 像素。

● **应用程序标签图片。**111×74 像素。

● **时间轴图片。**403×403 像素。

● **高亮图片。**843×403 像素。

● **相册。**相册可以最多可容纳 1 000 张照片。上传到公司相册或时间轴的图片最大为 2 048×2 048 像素。相册中的最大显示是 960×720 像素（横向显示）。

Google+

● **封面照片。**2 120×1 192 像素。

- 个人资料照片。270×270 像素。
- 共享图片。497×373 像素。

Instagram

- 个人资料照片。110×110 像素。
- 新闻源里的照片。510×510 像素。

LinkedIn

- 封面照片。646×220 像素。
- 共享链接图片。180×110 像素。
- 产品或服务横幅。646×220 像素。
- 职业封面照片。974×238 像素。
- 产品图片。100×80 像素。

Pinterest

- 个人资料照片。160×165 像素。
- 主页面上的"钉"。192×（高度等比缩小）。

- 大图"钉"。600×（无限像素）。
- 钉图板。大缩略图 222×150 像素。
- 小缩略图。55×55 像素。

Twitter

- 个人资料图片。81×81 像素。
- 页眉图片。520×260 像素。
- 背景图片。最大文件为 2M。

　　Twitter 背景图像的宽度或高度确实没有限制，但如果你设定得太宽，大多数用户将无法看到你放在右边的所有东西。

- 共享图片。375×375 像素。

Youtube

- 频道图标。90×90 像素。

　　为达到最佳效果，可上传 800×800 像素的图片。

- 封面图。2 560×1 440 像素。

帮你设计能打动人的拼贴画的工具

Bazaart

- 一款免费应用程序，把你的照片和 Pinterest 的"钉"放到一起，创造出令人难以置信的艺术拼贴画。拼贴画可以保存到你的相机里，也能在 Pinterest、Facebook、Twitter、Tumblr、Instagram 和电子邮件之间分享。可以登录 http://www.bazaart.me 下载。

Diptic

- 售价 0.99 美元，可从 170 多种拼贴画布局中挑选，然后定制框架、滤镜和文本标题。还有一系列的编辑选项，可在电子邮件中分享，或直接发布到 Instagram、Facebook、Flickr、Twitter、Tumblr 或任何支持 JPG 格式的应用程序当中。可以登录 http://www.dipticapp.com 下载。

Fotor

- 一款免费工具，可编辑图片、添加文本或创建拼贴画。图片可以保存并在 Facebook、Picasa、Tumblr、Flickr 和 Twitter 上分享。可以登录 http://www.fotor.com 下载。

PicMonkey

- 一款免费工具，可编辑图片，添加滤镜、文本、形状等，也可创建拼贴画。可以登录 http://www.picmonkey.com 下载。

拼贴画素来适合时装行业，它的灵感来自图片高度可编辑的性质：对其进行调整，裁切整齐，看起来就像杂志拉页的样子。时尚灵感社区 Polyvore 其实就是以拼贴画为基础建立的，它在自己的网站以及各社交网络渠道均采用了此种表现形式。Polyvore 的拼贴画提供了一个令人信服的例子：如何巧妙地安排你的图片和彩色招贴画，创造视觉时尚故事。

制作拼贴画时，要仔细观察图片色彩和构成的平衡。其目的是让观众看到焦点，但要让他们的注意力落在一定的色彩范围内，或是独特的意象、视觉焦点上。把图片放到一起构建故事也很重要，Polyvore 展示了几幅受《了不起的盖茨比》启发的拼贴画就是这样。比方说，一幅拼贴画展示了适合慵懒一天的舒适而别致的服装搭配，它用白色、黑色和黄色等色彩主题，向 20 世纪 20 年代的时尚致敬。

许多公司也利用拼贴画的创造性力量来完善自己的 Facebook 和 Google+ 封面照片。因为添加图片的空间很大，拼贴画成为最大化利用这一空间的适宜途径。它不用是全开拼贴画。在较大的图片上放一系列其他图片也可以。

带文本、引言和统计数据的图片

如果光靠一张照片无法有效地达成目的，文本、引言以及统计数据可以帮你清晰地说明观点、激发你的社区、促进竞争的差异化、带来笑声，等等。

1. **想想看**。在粉丝看来，一张以"压扁了的红牛饮料罐"为内容的照片，没有文本说明的话，可能意味着许多不同的事情，比如蛮力、愤怒、不幸的事故，等等。叠加上一层文本"我们发现缺乏能量的你焦躁不安"，这幅 Instagram 图片就有了新的含义，符合红牛所宣扬的有趣与达成极致的生活方式。

2. **激发你的社区**。无论是引言、统计数据还是短语，都要利用强有力的词汇来传达鼓舞人心的消息。鼓舞人心的视觉内容可以采取多种形式。最常见的是引用著名思想领袖、企业高管或客户的一句话。不过，有力的统计数据也能鲜活地呈现出信息或观点。根据帖子的意图，"希望你在这儿"或者"热爱你现在做的事"等流行俏皮话，也可以激励受众。

为图片增加文本的工具

Keep Calm-o-Matic

- 喜欢在图片上打上"保持冷静，坚持下去"的字样吗？可以用这个便于使用的网站免费创建。要登入账号才可保存最终图像。点击右键可保存免费图片，此外还有下载的选项，每张图片价格 0.99 美元。可登录 http://www.keepcalm-o-matic.co.uk 下载。

Over

- iPhone、iPod Touch 和 iPad 可用，售价 1.99 美元。这款应用程序可以让用户方便地为照片添加文本。它包含了 200 多款字体，可在所有社交网络平台上共享。Over 还有一个免费版本，名为 Overgram，内有 30 款字体可供选择。可登录 http://madewithover.com 下载。

PicMonkey

- 一款免费工具，可编辑图片，添加滤镜、文本、形状等，也可创建拼贴画。可登录 http://www.picmonkey.com 下载。

Pinstamatic

- 用户可使用这款免费工具创建并钉网站截图、定制的引言、定制的便笺纸、从 Spotify 上转载的歌词、Twitter 档案、日历、地址，以及带个性化文本或滤镜的图片。小窍门：钉到 Pinterest 上之前，用鼠标右键点击保存，便可在其他社交网络渠道上分享了。可登录 http://pinstamatic.com 下载。

Quipio

- 这款工具在 iPhone、iPod Touch 和 iPad 上均为免费软件。TechCrunch 形容这款方便的应用软件为"短信里的 Instagram"，它既是社交网络，也是有用的工具。它可轻松地将照片和文字结合起来，并将生成的图片在 Facebook、Instagram、Twitter、微博、短信、电子邮件和 Quipo 社区里分享。可登录 http://www.quip.io 下载。

QuotesCover.com

- 用户可使用这款免费工具创建自定义引言，把它放在图片上，作为 Facebook 和 Google+ 的封面图像，或是作为 Facebook 或 Twitter 的状态更新。引言可以是纯文本，或是以图层形式叠加到现有的图片上。可登录 http://

quotescover.com下载。

WordFoto

- 这款 iPhone、iPad Touch 应用程序可以把照片与文字变成神奇的排版艺术作品。软件售价 1.99 美元，用户可从相册或胶卷里上传图片。用户可以选择存储、发电子邮件或在 Facebook 上分享。最终你将得到马赛克形式的图片，极具创造性，引人注目。可登录 https://www.wordfoto.com 下载。

WordCamPro

- 安卓用户可用这款程序把图片变成令人惊叹的文字排版艺术品。用户可以选择使用一款或多款字体，用一个字母、一个单词或多词短语传递信息。用户可以使用任意短语，从无到有地创建图片。所得结果可以保存，也可以在各社交媒体网站上分享。WordCam Pro 的售价在 0.99～1.99 美元之间。可登录 Google Play 下载。

　　另一个设想是制作一幅文字云图片，用来描述价值观、产品或服务。还想再往前进一步？不妨想想怎样利用社区外包归纳这些文字。

3. **促进竞争的差异化**。通用电气很好地利用附带引言与宣言的视觉元素，强化自己关键的竞争优势：公司的员工。客户的证明、正面的媒体报道、研究、奖项以及第三方背书，同样有助于促进竞争的差异化。

4. **带来笑声**。引言鼓舞人心，统计数据强调要点和事实。统计数据还能够增加可信度、引发讨论，让人们关注重要的主题或问题。不过，从可口可乐公司发布的一张帖子看来，统计数据也可以用来逗乐。"放入可口可乐时，冰块的信心提高到 500%"，公司在 Instagram 账户及补充图片上分享了这一轻松的数字统计，证明在社交网络社区里表现得轻松快活些，效果挺好。

在社交网络图片上添加文本、引言和统计数据的窍门

1. 根据需要使用文本。如果图片无须文本就能传达出你想要的故事，那么文本或许就不是必需的。但如果文字或数字能帮助受众充分理解上下文，或是能增添一种图片无法传达的幽默感，那就不妨添加。

2. 确定你想要的结果。无论是鼓舞人心、安慰、娱乐或逗人发笑，看到你的视觉元素，以及附带的文本、引言或统计数据之后，你希望观众怎么做？

3. 达成平衡。保持消息的简短和有力。图片与文本、引言或统计数据之间一定要有良好的比例，你要争取让它们实现完美的和谐，而不能互相拼抢观众注意力。

4. 外包灵感。人们在描述你的产品或服务时，有什么常见的词汇、问题、引言、标签或者短语吗？不妨到你的在线社区寻找灵感，用妙语、引言、意见调查或统计数据来补充视觉效果。

5. 提出问题。在寻找快速焦点小组吗？对于文本帖子，可以在图片里嵌入问题，让消费者反馈帮忙影响产品或业务决策。

6. 做好该做的功课。找到了喜欢的引言？绝妙的统计数据？一定要彻底弄清引言背后的那个人，确保他（她）适合在视觉内容上代表你的品牌。了解统计数据的来源也很重要，务必保证其可信度。

7. 做做算术。你公司平均每年为消费者节省多少金钱或时间？你每年卖出的三明治数量，能环绕地球一周吗？让你公司擅长数学的同事来帮你计算，得出让消费者眼前一亮的有趣统计数据和事实。

明信片和电子贺卡

随着人们越来越依赖电子设备，传统的明信片必然要为数字时代有所转变。尽管媒介有了变化，明信片和电子贺卡仍然提供了有利的机会，让你可以围绕事件或体验设计视觉故事。

　　凯悦公寓（Hyatt House，隶属凯悦酒店连锁集团）会在客人住宿期间提供两张来自 Postagram 的问候明信片。客人可以用 Postagram 上的一款应用软件，或到凯悦公寓的 Facebook 页面上添加个性化照片，以及一段 180 个字符的信息，并留下姓名和地址。接着，凯悦公寓会把明信片打印出来，寄给收件人。这一推广活动是为了让凯悦公寓与客人建立更深刻的联系，并向客人说明公司理解这一点的重要性：即便顾客身在外地，也还牵挂着家人和朋友。

　　明信片或电子贺卡在节日场合最为应景。圣诞节、情人节、母亲节、父亲节等节日，都会让我们产生种种离愁别绪，更希望多接触自己最关心的人。但如果一年当中，你有意无意间冒犯了别人，又想弥补，怎么办呢？

　　不妨试试 Peeps Offering。

　　这是著名的 Peeps 棉花糖公司提供的服务，公司希望提醒粉丝，哪怕在 12 月份的假期，Peeps 糖果也陪伴在大家的身边。为了在假日的嘈杂声中脱颖而出，Peeps 的粉丝可到公司的 Facebook 上，发送下面这类自带俏皮话的电子贺卡："对不起，我对你取消关注了。又一次。"或者，"对不起，我以圣诞节为借口亲了你妈妈。"Peeps Offering 推广活动让人忍俊不禁，它表明，电子贺卡有助于展示公司轻松的一面。

创建并发送明信片的工具

Cards in the Post

- 有了这一工具，你可以快速、便捷地在邮件中发送高质量的个性化照片。你可以从 Instagram、Facebook、Google 或 Flickr 上抓图。你可以在台式电脑、笔记本电脑、平板电脑或手机上使用这一网站。没有安装程序或类似的东西。没有账户设置。一切都快速、简单、有趣。访问 http://www.cardsinthepost.com 即可。

Snapshot Postcard

- 发送自定义的照片明信片，分享存储在你照片里的回忆。使用 Snapshot Postcard，你可以在自己的 iPhone、iPad、iPod 或安卓设备上制作自己的明信片。可登录 http://www.snapshotpostcard.com 下载。

使用社交网络明信片的窍门

- 概述沟通目标。发送明信片或电子贺卡在本质上是与消费者进行沟通。你希望他们从沟通中获得什么信息呢？是一声感谢、关键产品的信息，还是鼓舞人心的词汇？又或者，你希望他们开怀大笑？

- 分享。分享你的明信片或电子贺卡，在使用这一媒介时应当是关键的目标。一定要把你的用户体验设计得便于分享，这样才具备了明确的行动呼吁。

- 投资高质量的视觉元素。一定要让所用图片抓人眼球，符合本章之前所提出的最佳实践。明信片或电子贺卡的质量、设计和整体布局越好，最终用户的体验越强烈。

- 信息要简明。太多的文本会淹没明信片或电子贺卡本身。简短、甜蜜、切中要害，这样的话语最能引起人们的共鸣。要让视觉效果充当主角，文本只是补充。

- 拥抱季节性。不管是一年里某个特定的时间，还是来自服务提供商的提醒，明信片和电子贺卡都领悟了季节性的内涵，能带来其他媒体做不到的分享方式。

- 令人愉快的提醒。如果你是尝试发送预约提醒的服务供应商，或是一家尝试限时促销的企业，一张电子贺卡或明信片可以为你提供快速、简单和高度可视化的信息传递途径。

- 数字和实体形式要搭配起来。类似凯悦公寓的例子，制作一段切实的内容，以信件形式为人送去惊喜，能为客户提供很高的价值。特别是，如果你可以把卡片上的行动呼吁变成一条感谢的推文发送给接收方，那就再好不过了。如果你把数字贺卡和实体贺卡结合起来，务必要保证两种形式都能提供独特的视觉体验。

- 回报客户。明信片和电子贺卡还可以用来感谢你最忠实的顾客。一封简单的感谢信，或特别的优惠券，能带来人们喜欢的特别感，明信片这一媒介是实现这类沟通的便捷方式。

模因

虽然模因绝对是最简单的内容营销形式，但模因营销并不像乍看起来那么容易。和任何其他推广活动一样，在选择并提炼有关自己品牌的信息时，先制定策略是很有好处的。同样重要的是，最终的结果会很有趣，且不那么一本正经。

大多数模因是拿环境和人类行为取乐。在就模因集思广益时，不妨根据模因衍生模因，把当前流行的主题玩出新花样。关键是要做得机灵、有原创性。人们喜欢看到别人把古怪的模因点子提升到下一个境界，这似乎显而易见，但记得使用你自己的照片，不要逐字逐句照抄现有模因。试着通过仿效和视觉形式，表现出你自己的声音和品牌个性。

常用的模因

- **猫猫狗狗**。让一只猫或一只狗来扮演主角，什么都成！臭脸猫和傲娇猫是特别热门的模因。

创建模因的工具

如果你有工具，能把文本叠加到图片上（见本章"带文本、引言和统计数据的图片"一节中的工具部分），创建模因就不难。大多数模因会使用 Impact 字体，白色带黑边，大小是 3～5 点，这是非常容易叠加到图片上的。如果你正在寻找额外的资源，以下三个网站可供参考：

MemeGenerator.net

- 选择现成的字符图片，或自己上传图片。这是一款免费工具，所以你需要为你的角色创建自定义的名称，这样网站上的其他人也可以使用。接着，为你的模因添加文本，把它们分享到 Facebook、Twitter、Reddit、Pinterest、Tumblr 上。不过请注意，"MemeGenerator.net"会在图片右下角生成浅灰色的水印。可登录 http://memegenerator.net 使用。

QuickMeme.com 和 weknowmemes.com

- 两个网站都允许你选择现成图片，并为之添加个性化的文本。它们均为免费工具，如果你想拿已获成功的模因图像玩玩新花样，会很合适。不过，你也许不能这么做（要看你所在公司的法务部政策是否严格）。可登录 http://www.quickmeme.com 和 http://weknowmemes.com/generator 使用。

帮助公司用模因借力的窍门

1. 理解模因。理解模因是什么，它们怎样运作，哪些模因吸引哪些受众。想想你的受众是否定期在线分享内容，研究他们经历过的"痛点"、误解和常见问题。

2. 注意现在正流行的模因。寻找刚刚开始流行的模因（提示：来自炒作厉害或者刚上映的电影或电视节目的模因）。模因本身的传播就极为广泛，所以，你的工作已经完成了一半。现在，你只需要以模因为框架，想出一些有趣的、相关的事情。

3. 借助幽默。模因主要是娱乐载体，所以你最好是让受众发笑。在发布模因之前做做测试，看它们是否足够有趣，能否逗乐你的受众。

4. 模因的语气和信息一定要跟你的品牌相吻合。但也别太郑重，否则无法分享你的信息。模因应该表达买家们对实际痛点已经表达过的情绪，但不要提供解决方案。许多企业都已经因为发布了与受众核心价值观不相容的模因惹上了麻烦（比如，用讽刺和黑色幽默挖苦健康受众，或是疏远一部分受众群体的政治或种族笑话）。

5. 提高可见度。你可以在社交网络页面上分享你的模因，Facebook、Pinterest、Twitter、Tumblr 或者 Google+ 都可以。你也可以将它添加到模因分享网站，鼓励关注者在 Reddit 等社交书签网站上分享。为模因添加相关的标签，可以方便人们寻找到它。这对 Tumblr 尤其重要，因为标签是在该网站搜索的主要途径。如果你围绕中心人物创建了一系列模因，你甚至可以为该角色建立博客或者社交网络页面，比如家得宝的猫咪理查德就是这样。

6. 利用模因创建增值内容。如果你说不准该在 Facebook 页面上分享什么，可以创建并分享与客户群体有关的模因，这是让人们为你的品牌产生兴趣的好办法。创建模因一般比写博客、创建视频或信息图表简单得多。

7. 举办一场模因创作竞赛。让受众根据特定的图片或视频创建模因。在社交网络页面、模因生成网站上分享所有条目，能让你在长达几个星期甚至几个月的时间里获得源源不断的用户生成的内容，你还能接触到更广泛的受众，因为参赛选手也会在自己的人际网络上分享其作品。

- **接受挑战**！例如，"你不能整天待在床上。/ 接受挑战！"

- **常见情况**。例如，跟某人约会的有趣反应、刚醒过来的有趣反应、办公室幽默、孩子们做的事情、喜庆的节日场合，等等。

- **坦白**。例如，"我坦白吧——我真的用过你的牙刷。"

- **炫富**。例如，"我的电话掉了。/ 这下我只好用黑莓手机了。"

- **闪回式倒叙**。例如，20 世纪 70 年代、80 年代和 90 年代的此时此刻。

- **好运气 / 坏运气**。例如，"穿上旧牛仔裤。/ 结果发现口袋里有 XXX 元钱。"

- **像大佬一样**。小题大做地应对日常生活场景时可以使用。

- **个性**。例如，混蛋、抓狂的女朋友、可怕的老板，以及他们歇斯底里的金句。

- **歌词俏皮话**。例如，加拿大女歌手卡莉·蕾·杰普森（Carly Rae Jepsen）的 "*Call Me Maybe*" 或者澳大利亚歌手高堤耶（Gotye）的 "*Somebody I Used to Know*"。[*]

- **电视节目和电影**。例如，来自热门电视节目和电影的有趣俏皮话。众所周知，电视真人秀是大量俏皮话模因的源头。

- **我早就跟你说过**。对常见现象的滑稽、讽刺和非常坦率的评论。

- **人们以为我是这样……/ 其实我是这样……**用人们以为你在做什么对比你实际上在做什么，拿这种区别营造"笑果"。

　　有一种设想是为你的公司或品牌关联一种有趣的个性。可以是发言人、吉祥物，甚至是一只人格化的办公室宠物。例如，啤酒商 Dos

---

　　[*]　如果放在中文语境下，可以是近些年来流行过的各种"神曲"，比如《小苹果》《我的滑板鞋》等。——译者注

Equis 著名的"全世界最有趣的人"广告，就形成了一套时而疯癫时而活泼的系列模因。值得注意的是，这些模因并不是 Dos Equis 自己设计的。它是热情的粉丝群体设计的。引发趋势，或是跟随趋势，岂不正好？你可以设计一只可爱的办公室小狗，它会咬人的鞋子，不让任何人靠近它最喜欢的毛绒玩具，这就很像新鲜有趣且便于分享的模因了。

"人们以为我是这样……/ 其实我是这样……"则是另一个例子：品牌可以借助这一模因，有效地指出人们对产品或服务的误解。HubSpot 在 Facebook 的页面极其成功地使用了这一模因，得到了上千次点赞和分享。

GIF

　　GIF 能把图片融合在一起创造如同动画的运动感，让静态图像变得更生动。企业可以使用 GIF 围绕产品、事件、有趣的俏皮话和活动，用极小的字节容量创建故事，比如模型展示、蛋糕裱花或者励志引言等。"周一那些事儿"、"TGIF"* 或时令节日等常见主题都可激发创作 GIF 的灵感。公司也可以把历史性内容放在一起，对比过去，或是快速说明产品或服务的使用方式，据此设计高品质的 GIF 图。

―――――――――
　　* "Thank God It's Friday"的首字母缩写，意即"休息日"、"狂欢日"等。――译者注

GIF 的常见主题

- **名人瞬间**。碧昂丝、卡戴珊、奥巴马总统等，使用 GIF 形式，可以让这些名人的小动作、姿势或舞蹈立刻像野火般传播开来。

- **可爱的动物**。可爱的动物拥抱、追逐自己的尾巴、蹦上墙，全都是 GIF 图的黄金素材。

- **食物**。谁不乐意将自己的美食渴望表现出来呢？想想看，GIF 以慢动作表现一片奶酪比萨从大块的圆饼上拉着丝撕下；或是巧克力酱慢悠悠地淋在冰激凌圣代上。

- **怀旧**。还记得陪伴你长大的电视节目、玩具、流行歌手吗？人们通过 GIF 形式，搭乘虚拟的时光机回到过去，打开自己的怀旧情绪。

- **我对某事的反应**。类似模因，用户可以用怪里怪气的流行文化反应 GIF 图，传达自己对生活里发生的事件是什么反应。如果他们不高兴，可以贴一张名人发表的 GIF；如果他们很高兴，就贴一张运动员跳胜利之舞的 GIF。

- **流行文化现象**。从麦琪拉·玛隆妮（McKayla Maroney）的"不太爽"*到奥巴马总统的砸拳头，GIF 再现了基于人物动作的流行文化现象。

- **宣言**。类似模因，人们用 GIF 从视觉上强调某种合乎自己个性的东西，大多来自流行文化，如"我妈妈认为我很棒"、"我是个大人物"或"总有人什么都看不顺眼"。

- **特技和运动**。GIF 是动态的，故此可以很方便地用短小精悍的动画形式分享比赛获胜瞬间，或是难以置信的特技。

---

　　* 美国女子体操运动员，在 2012 年伦敦奥运会女子体操的跳马决赛中只获得一枚银牌，在颁奖仪式上她表情严肃，摆出撇嘴造型，表现出十分不爽的表情，因而被网友称为"不爽姐"。——译者注

创建 GIF 图的工具

Photoshop

- 这款程序仍然占据着 GIF 创建工具里的头等地位。

Giffing Tool

- 这款 GIF 创建工具的设计目的是方便快捷。你可以简单地在屏幕上拖动它，录制电影、YouTube 视频，甚至已有的 GIF。可登录 http://www.giffingtool.com 下载。

GIFboom

- 这款应用程序允许你从相机、图片库或视频里创建 60 秒钟动态 GIF！你可以通过电子邮件、彩信服务或者社交网络向朋友们发送 GIF。可登录 http://gifboom.com 下载。

Cinemagram

- 这款应用程序允许你创建有趣的短视频。你可以立刻在 Tumblr、Twitter 和 Facebook 进行分享。可登录 http://cinemagr.am 下载。

GIF Brewery

- 这款应用程序能让你把视频文件片段方便地转换成 GIF。可登录 http://www.helloresolven.com/portfolio/gifbrewery/ 下载。

GIF SHOP

- 你可以用它在 iPhone 手机上制作动态 GIF！可登录 http://gifshop.tv 下载。

Gifninja

- 这款网络工具允许你用视频剪辑或一系列的静态图片来创建动画。可登录 http://gifninja.com 下载。

Picasion

- 这款网络工具允许你最多上传 10 张图片或者直接从 Flickr 或 Picasa 导入 50 张图片创建 GIF。可登录 http://picasion.com 下载。

- **电视节目、电影和音乐视频**。GIF 爱好者经常分享电视节目、电影和音乐视频里的关键场面。再添加文字，你就可以反复重温你最喜欢的瞬间了。

信息图表

在视觉营销项目中使用信息图表的理由虽然很充分，但这是一种不能硬来的媒介。所有的因素——数据、设计、视觉效果、布局、颜色——都必须和谐共存。

尽管信息图表工具免费且便于使用，但我们仍然建议你找设计师来设计由品牌定制的图表。考虑到这是一种受欢迎的媒介，务必要保证视觉元素妥帖地再现了你的品牌。

用户生成内容

随着视觉社交网络平台的崛起，如今许多公司都转而将图片和视频外包给消费者。一如本书之前所述，露露柠檬、蔻驰、可口可乐、巴宝莉、耐克等公司都成功地利用了用户生成内容（user-generated content，UGC），由客户协作进行视觉营销。仔细看看我们

创建信息图表的工具

Infogr.am

- 迄今为止，已经有上万幅信息图表通过这一流行平台创建起来。Infogr.am 简单、好用，有许多方便的功能。可登录 http://infogr.am 下载。

InfoActive

- 这个平台帮助用户构建交互式图表以及可视化的实时数据。可登录 https://infoactive.co 下载。

Easel.ly

- 这一工具以主题为基础，采用拖动方式创建信息图表，可视化主题选择范围较小。可登录 Easel.ly 下载。

Piktochart

- 结合不同类型的视觉形式来创建有新意的信息图表：主题、图标、图片和图表导出器。可登录 http://piktochart.com 下载。

Visual.ly

- 这是一款便于使用的工具，可创建定制信息图表。可登录 http://create.visual.ly 下载。

iCharts

- 使用它，你可以在几分钟内创建出漂亮的图表，外加易于分享的互动数据。可登录 http://www.icharts.net 下载。

分享的例子，你会发现，鼓励用户生成内容的关键在于了解自己的客户群。你需要知道，你能鼓励用户提供什么样的图像或视频，他们能达到何种深度、何等创造力水平。为了得到你想要的结果，创建一个论坛、明确地呼吁粉丝采取行动，告知他们如何参与、提交图片，也是至关重要的。

设计信息图表的窍门

1. 数据很重要。数据和研究质量是最为重要的环节，在考虑绘制信息图表时应谨慎选择。信息图表里出现的所有数据或研究资料，都务必清楚地说明其来源及引用情况。没有可靠的数据和研究资料来支持你的观点，就不要选择绘制信息图表这一方式。

2. 构建故事板。在启动绘制信息图表的过程中，我们建议你使用故事板来确定布局和信息流。要解析关键数据点，分析应该怎样将之融入更宏大、更有效的信息。如果你想讲述的故事在这个阶段无法引起人们的共鸣，那它就不会成为优秀的信息图表。一个好的故事有开头、中间和结尾，而所有这一切都应该通过一幅信息图表来传递。

3. 格式和布局。构建好故事板之后，就要选择信息图表的最佳格式。Visual.ly 和 Infogr.am 这两个网站都提供了免费工具，帮助你厘清信息图表的设计思路。大多数信息图表是垂直的，但采用水平设计也可以，或是同时绘制两种格式，以方便它在各社交网络平台上的分享。举例来说，Pinterest 上是垂直的图表，但 Facebook 有高亮和封面照片功能，水平的图表能更好地发挥作用。

4. 设计元素。内容、字体、颜色、视觉效果等因素能让数据变得生动鲜活。正确的字体或文本，可以成就视觉体验，也可以破坏视觉体验。想出时髦的标题吸引注意力同样很重要，颜色的选择也非常重要。我们建议你尽量放弃白色背景，也不要使用太过喧宾夺主的深色或混合色。如果你拿不准，就在色彩方面尽量追求"少即是多"，三种精心选择的颜色就能很好地发挥作用了。如果你需要使用更多颜色，可以在三种颜色的基础上增加不同的深浅度，即可丰富外观和感觉。

同样重要的是，要注意把设计元素纳入信息流。为了最大限度地打动观众，提炼出你的信息图表的核心点，并把它放在中间位置或最末尾的地方。仔细查看信息图表中的每个视觉元素。如果某一元素不能让整个故事增值，那就没必要放进去。

5. 做测试。在多种屏幕（包括台式机、平板电脑和其他移动设备）和社交网络平台上检验信息图表的浏览体验，对它的成功也非常重要。为了确保你的内容容易理解，不妨找一群同事或朋友，看看他们能否清晰地理解你的信息。

公司外包、分享用户生成内容的窍门

1. 询问分享习惯。判断你的粉丝会分享有关你公司何种类型的视觉内容，分享的量有多大。为了收集高质量的用户生成内容，你需要放下对粉丝的成见。如果你的粉丝在分享有关你公司的视觉内容时并非自然而然的，你的进入门槛就会更高。另外，如果产品达不到消费者的期待，用户生成的图片或视频也可能对公司造成反作用，所以，在展开用户生成内容营销活动前一定要关注粉丝的整体情绪。

2. 奖励行为。如果你需要额外的刺激以鼓励消费者分享用户生成内容，或许可以用竞赛方式发起营销活动，争取让核心受众采取行动。竞赛结束后，多分享吸引人的图片、视频，以便进一步鼓励来自社区的行为。继续前进，为将来的竞赛留下"火种"，或是用意外的奖励感谢忠诚粉丝的参与。

3. 寻找主题。如果你所在的公司已经在社交社区里看到了许多动人的图片和视频，那么就要密切关注最常见的照片和视频类型，以及它们使用的标签。它们讲述了有关你公司的什么样的视觉故事？它跟你想要听到的视觉故事相符合吗？这些图片或视频蕴含着何种情绪——积极的，消极的，还是中性的？要使用这些关键信息，围绕这一用户行为设计你的策略，让营销活动更注重以粉丝为中心。

4. 确认优缺点，以及活动走偏的潜在可能性。在考虑用户生成内容的推广活动时，一定要仔细评估它的优缺点，以及方向走偏的可能性。优点需要能解决重要的业务障碍，说明用户生成内容将如何为你的视觉营销目标增加价值。缺点和进入壁垒、消极情绪、公司成本等有

关系，以及活动有可能朝着你不希望的方向发展。用户生成内容跑偏的情况虽然并不特别常见，但的确出现过。因此，一定要密切关注行动呼吁，组建内部焦点小组来判断是否存在任何潜在的误解，以及它是否会让促销活动变味。

5. 选择明确的行动呼吁。为了降低进入壁垒，明智地选择你的行动呼吁，明智地设定标签。消费者必须知道自己如何选择参与你发起的用户生成内容活动，所以标签应当独特而唯一，活动也应该是具体的。一定要提前在各社交网络渠道中检查你想要的标签，虽然这一点显而易见，但很多公司真的就没做过！一定不要选择已经有人大量使用过的标签。

6. 信息充分披露。消费者参与用户生成内容活动的一个原因是社会肯定，但不要认为他们对你的社交网络渠道感兴趣是理所当然的事。务必让消费者明白你将以怎样的方式、在什么地方使用他们的照片或视频，以免让人感到不适，或引

起潜在的反弹。如果你从 Facebook、Twitter、Instagram 上收集图片，但还想在你的网站以及 Tumblr、Pinterest 上分享它们，一定要让参与者知道这一点。曾经发生过这样的事情：消费者以为 Instagram 宣称对用户在其平台发布的私人照片拥有所有权，从而歇斯底里地提出了抗议。故此，很明显，让用户知道自己提交的作品要遵守何种条款，对成功的营销活动至关重要。

7. 给出示范样例。想在用户生成内容的营销活动中找到特定类型的图片或视频吗？发表你想要的图片或视频类型的案例，有助于确保质量，促成你想得到的结果。贯穿整个推广活动，一定要让社区提交的图片或视频能进一步引发消费者的兴奋情绪，给活动带来更大的知名度。在突出样例时，尽量多给例子，以便激发创造力。

8. 给予奖励、给予认可。尽管并不是所有

的用户生成内容活动都要采取竞赛的形式，但给予粉丝奖励和认可，是不会有什么坏处的。奖励或认可的形式可以是"本周精选图片展"，或是随机向参加的粉丝送出某种特别的东西以示感谢。这将有助于进一步加深你与消费者的关系。发送奖品包裹、写便笺时也要多注意细节，因为大多数消费者会高高兴兴地在自己的社交网络渠道里分享这些奖品的照片。这也是从粉丝中生成更多口碑的绝佳机会。

9. 审核评价工作流程计划。虽然很多时候人们认为用户生成内容成本低，但值得指出的是，使用工具、求取第三方的审核与批准支持，却需要一定的投资。另外，靠公司内部管理用户生成内容竞赛，需要投入时间——视投稿量、审批流程和其他一些因素而定。在选择用户生成内容这条路线之前，一定要确保这套计划能够获得必要的时间和资金支持。

收集用户生成内容的工具

Feed Magnet

- FeedMagnet 是一套内容营销和内容管理平台，采集、利用各主流社交网络平台（包括 Facebook、Twitter、Google+、Instagram、Vine、Pinterest、LinkedIn、YouTube、Tumblr、Foursquare、Vimeo 和 Salesforce Chatter 等）上用户生成的精华实时内容。旗下客户包括班杰利冰激凌公司（Ben & Jerry's）、Farmers Insurance、丝芙兰化妆品公司、VMWare 和通用电气公司。请访问 http://www.feedmagnet.com。

Mass Relevance

- Mass Relevance 是各品牌和媒体的社交体验平台，通过带动实时、相关且经过策展的社交网络内容体验调动网络受众。Mass Relevance 能够收集来自 Twitter、Facebook、Instagram、Google+ 和 YouTube 等多种来源的数据。旗下客户包括 Xbox、百事可乐、TicTac、毕马威（KPMG）、巴塔哥尼亚户外服装公司（Patagonia）和 Foot Locker 等。请访问 http://www.massrelevance.com。

Olapic

- Olapic 的使命是帮助你把用户生成的照片放到适合的地方去——也就是你的网站上！借助 Olapic，任何网站都可收集、策展和显示用户生成的照片。Olapic 从最受欢迎的照片共享网络，包括 Facebook、Instagram、Twitter 和 Flickr 上采集图片。知名客户包括露露柠檬、新百伦、《人物》杂志、索尼和 Threadless 服装公司。请访问 http://www.olapic.com。

Seen

- Seen 是通过视觉媒体（包括用标签带动的 Instagram 和 Twitter 照片推广活动）联系企业与消费者的平台。Seen 让企业通过分享用户生成的照片，从其社区和品牌相关对话里发掘宝贵的见解，进而促使企业与粉丝以更具意义的新方式建立联系。旗下知名客户包括印第安纳波利斯赛车（Indianapolis Motor Speedway）、ESPN、道奇（Dodge Ram）、福特和 Bath & Body Works。请访问 http://seen moment.com。

视频：YouTube、Instagram 和 Vine

从 YouTube 到 Instagram 和 Vine，以及其他同类服务，企业有了越来越多的途径可拍摄、分享视频。此外，几乎所有的主流社交网络平台，包括 Facebook、Twitter、Google+、Pinterest、Tumblr 乃至 SlideShare，都可以轻松地分享视频流，并各有与平台规模相当的参与率。这为用视频讲述自己故事的企业提供了独特的价值主张和业务理由。企业面临的挑战和机遇就是，在视频营销项目中界定视频所扮演的角色。

我们的建议是，回到内容日程规划上，观察哪些最适合视频，以及它们能不能用一种其他媒体做不到的方式帮你讲述自己的视频故事。你肯定不希望事事尝试但事事无成。相反，你要关注战略意义最强的东西。想想你的目标受众，想想你期望达成的最终目标，想想你手里可用的资源。视频能怎样更生动地表达你视频营销项目里最重要的主题，以使之达到最大的冲击力？

仔细观察常见的视频类型，看看你的公司应该在视频营销项目中优先考虑哪一种。

常见视频类型

- 公告
- 独家幕后新闻
- 案例研究
- 名人合作伙伴
- 社区参与
- 公司概述
- 演示

将视频整合到视觉营销项目中的窍门

1. 评估受众需求。视频是接触受众更个性化、更类似对话的一种途径。为了吸引他们的注意力，你需要采取"受众第一"的态度。这正是为什么制作精美奢侈的企业宣传不能掀起观众的共鸣，而男士美容用品"老辣"的"猛男"系列视频和依云矿泉水的"跳舞的宝宝"却可以。因为后者真实、有趣，用好玩的方式进行沟通。

   这并不是说每一段视频都得有趣、怪异。波士顿地区的B2B公司Grasshopper制作了一段名为"企业家能改变世界"的有趣视频，宣传一套针对企业家的电话系统。该视频动人、简单、便于理解，语调鼓舞人心，得到了100万次浏览。它还帮助Grasshopper公司在乱局中突出重围，打响自己的名号，这都是因为它精心制作视频，引起了目标受众的共鸣。[5]

2. 展示你的个性。想一想你最喜欢哪位大会讲演人，最喜欢什么样的在线视频。诚然，拍摄质量、故事流，这些因素都很重要，但抓住受众还得靠个性。哪怕你是一家非常严肃的公司，也不妨看看本章前面给出的"XYZ公司的声音和个性"，确保你的视频里体现了你希望体现的个性和价值观。一如Blendtec等公司的示范，暴露企业可爱的一面没问题。只要你保证那一面是真实的，当然，也别用力过猛！

3. 综合使用。YouTube、Instagram和Vine这三个平台对视频的类型和长度做了不同的规定。例如，你可以在YouTube上发布使用说明视频，同时，在Instagram上分享一段该视频的幕后制作特辑，再往Vine上放一段6秒钟缩短版。

   请仔细通读本书第3章的内容，它介绍了YouTube、Instagram和Vine上的最佳实践、特点和案例研究，以及如何评估自己制作的视频。每一个平台都有不同的优缺点，跟Facebook和Twitter等社交网络平台的集成度也有所不同。每一种社交网络平台吸引的都是不同的受众，因此，要从战略上思考视频的类型、它们的长度，以及选用哪一平台。这样做可以帮助你接触到不同的受众，展示你个性的不同方面。

4. 制定传播策略。你做好了一段精彩的 YouTube 视频。接下来该怎么办呢？如本章所述，社交网络平台的繁杂意味着：你的视频不仅可以在一个网站或平台上发布，你还可以到其他平台上去分享。你要在规划过程中同时考虑到视频的发行策略。Instagram 和 Vine 等网站的视频还可以保存到手机上，所以记得在每一款应用程序中都启用这些设置。即使只是一段 6 秒或 15 秒的视频，也可以剪切编辑成更长的视频，或是加入音乐等内容重新剪辑，延长内容保质期。

5. 借助用户生成的视频。用户生成内容现象并不仅限于照片。公司越来越倾向于让客户和粉丝们分享用户生成视频。Vine 等平台现在允许公司转发粉丝发布的视频。我们在本章"用户生成内容"一节罗列了许多工具（以及提供工具的公司），能帮助收集用户生成的视频内容。Tongal 等公司还能帮忙举办用户生成视频内容竞赛。毫无疑问，用户生成视频内容竞赛的准入门槛较高，但如果你看重质量甚于数量，那么，这是一个很好的方向。

- 焦点事件
- 常见问题
- 目标
- 教程
- 流媒体直播
- 办公室介绍、参观
- 戏仿
- 用户的事后评价
- 视频博客
- 视觉组合

测量

一如本章所讨论的，在你的视觉营销项目的整个生命周期内，测量都持续发挥着作用。只要你打算用视觉内容发起新的活动，试错与测量就将扮演重要的角色。这不是一件坏事！事实上，具备承担经过计算的风险、用创新方式作出视觉营销努力的能力，是长期成功的关键。

老实说，就怎样测量你的视觉营销努力，相关的窍门和技巧我们可以再写一整本书。为了简便起见，如果你不断根据社区内的反应来跟踪、测量、分析、调整自己的视觉内容，就能够在公司内部绘制一幅图，揭示它怎样改善了你的社交媒体努力。

把每一轮的成功和挫折都看成学习的机会，并在视觉营销策略的持续演进过程中，展示这些知识带来了什么样的结果。哪怕是最著名的企业，要想做到成功、紧跟趋势不落伍，也需要不断地付出努力。人很容易对特定的方法感到舒服，并囿于此，故此要把测量视为一种制衡方式，让自己诚实地面对现状。

最开始不妨使用本章前面介绍的工具和建议，但要根据高层领导的要求做到个性化。如果需要进一步了解社交网络测量的细节，我们推荐以下几本社交网络分析专家的著作：

- 莱斯利·波斯顿（Leslie Poston），《社交媒体度量傻瓜书》（*Social Media Metrics for Dummies*）

- 查克·赫曼（Chuck Hemann）与肯·博柏利（Ken Burbary），《数字营销分析：理解数字世界中的消费者数据》（*Digital Marketing Analytics:Making Sense of Consumer Data in a Digital World*）

- 奥利弗·布兰查德（Olivier Blanchard），《社交媒体的投资回报情况：管理和测量组织的社交媒体努力》（*Social Media ROI: Managing and Measuring Social Media Efforts in Your Organization*）

5

视觉世界中的
实时营销

你

的品牌已经走过了 100 年，想要庆祝一番。你还想证明你的品牌始终与客户相关联，但你该怎样让百年纪念活动打动对技术敏感的年轻受众的心弦？老牌饼干生产商奥利奥设法实现了上述目标，并在这个过程中赢得了新粉丝。

2012 年，在 100 天（每一天代表该品牌的一年）的周期里，奥利奥的创意团队每天都会制作一幅图片，反映当天的一件热门新闻故事。这些故事统一命名为"每日一扭"，并且嵌入一个有趣好玩的奥利奥主题，然后在品牌的各社交媒体渠道上分享，配上标签 #DailyTwist。

这种品牌展现敏捷、动态的思维，很多时候还包括快速响应的例子，近来被称为实时营销（realtime marketing，RTM）、敏捷营销、动态市场营销或实时社交反应。奥利奥倾听受众认为重要的事情，在短短几个小时内，创意团队就将之整合到视觉效果里，表明奥利奥对此的重视。当然，有些事情是可以提前预知的，比如假期、新电影上映，但其他的事情，比如尼斯湖水怪照片成了头条新闻，一营销部门可以利用社交数据这座金矿，但实时应用则需要合适的工具、分析和正确的心态（这是最重要的一点）。一些品牌调整营销策略，对实时社交聆听和社交数据加以整合，逐渐让它们看到了惊人的结果。但实时营销深入的远远不止幽默的视觉反应或诙谐的视频。它涉及响应能力、对客户的真正理解，以及灵活的营销方法。

实时营销并不只适用于时尚、直接面向消费者的品牌。它是一种思维方式：深入你品牌的核心理念，在公司与消费者之间展开有意义且富有人情味的对话。

让你的企业拥抱实时营销，发掘社交营销的真正潜力。
——**保罗·奥布莱恩（Paul O'Brien）**，社交媒体评估机构达奇斯集团（Dachis Group）[2]

天之内获得了 5 枚奥运金牌等，则是为了回应奥利奥受众对当前事件的关注点而实时创作的。

奥利奥创作图片来庆祝全国节假日和各种实时发生的事情。图片的标题包括"全国学海盗话日"、"全国广播日"、"猫王周"、"火星探测器登陆"、"马舞狂潮"、"骄傲"、"第一次拍手喝彩的百年纪念"（Anniversary of first high five）、"全国防欺凌月"、"电影《黑暗骑士崛起》明日上映"、"动漫节开始"，等等。你可以在下面的网址找到完整的图片集：http://www.pinterest.com/oreo/daily-twist。

社交媒体对"每日一扭"图片作出了怎样的反应？

整轮营销活动实现了 4.33 亿次 Facebook 浏览，分享率高达 280%，创造了 2.31 亿次媒体印象，实现了奥利奥品牌在 2012 年最高的口碑增幅（49%）。该活动还在戛纳国际电影节上赢得了一项网络大奖（Cyber Grand Prix）。[1]

品牌（如奥利奥）把幕后花絮照片也整合到了实时营销策略当中：营销部门要足够灵活，以便在事件发生的当时就作出反应，并对营销宣传做相应的设计；监控客户意见，据此调整活动；根据每分钟收集到的数据制定产品决策；不仅根据销售数字，同时也根据实际或潜在客户的准确社交媒体数据，得出产品和营销活动实际的接受度。

营销部门可以利用社交数据这座金矿，但实时应用则需要合适的工具、分析和正确的心态（这是最重要的一点）。许多品牌开始改变自己的营销策略，整合实时的社交聆听和社交数据，它们也逐渐看到了好的结果，但实时营销的确还处在发展初期，许多企业还没有对它的相关性感到信服。在许多组织看来，那些经常被人提及的案例（比如用巧妙的图片跟当前事件挂钩，并在 Twitter 上得到了疯狂的传播等）并不那么有意义。但实时营销的内涵，远远不止幽默的视觉反应或诙谐的视频。它涉及响应能力、对客户的真正理解以及灵活的营销方法。

想一想下面这些情况对品牌意味着什么：

- 为客户提供其有可能真正感兴趣的相关广告信息

- 个性化的客户服务

- 根据对客户需求的深入了解，研发或调整产品

- 迅速获取大量的实时市场研究

- 反映公众情绪甚至引发新趋势的营销活动

- 根据社交平台上的个人资料或对话联系潜在客户

我们正在进入市场营销的新时代，一个捕捉消费者脉搏、能迅速作出决策并加以执行的时代。我们掌握了前所未有的能力去了解自己的客户：他们想要什么，他们说些什么，他们怎样思考。

为什么我们在本书中花整整一章的篇幅专门论述视觉营销对实时营销的意义呢？因为有太多实时营销的战略战术（尤其是其中最优秀的那些）包含了富媒体。从前面奥利奥的例子中，你可以看到，要达到真正的效果，品牌根据受众的当前着眼点和需求，在实时社交回应中使用了图片、视频和信息图表。

STATS

69% 的 B2B 营销人员认为"创作原创内容"是内容营销中最大的挑战。[3]

什么是实时营销

对品牌来说，持续地创作相关内容，是件辛苦活。

但汽车品牌 Smart 展示了实时营销技巧怎样激发创意内容——并将对产品的批评变成推动参与、同时分享重要产品数据的大好机会。

2012 年 6 月，北达科他州一家广告公司的创意总监克莱顿·霍夫（Clayton Hove）发布了一条微博，如图所示。

Smart 汽车作出了怎样的反应呢？

"不可能是一只鸟。@adtothebone。听起来更像是 450 万只。真的，我们做了算术哦。"他们还附上了信息图表，以表明运算过程。

这张机灵的图表显示，究竟要多少鸟屎才能破坏 Smart 车体结构（具体而言，450 万只鸽子的屎；36 万只火鸡的屎；45 000 只鸵鸟的屎）。这篇回复的转发量是原推文的 5 倍，得到了大量的媒体关注。更重要的

是，它表明 Smart 汽车制造商很有
幽默感，乐于展示品牌的有趣一
面。毕竟，人人都喜欢笑。而比
开怀大笑更好的一点是，人们认识
到：品牌对自己的产品有信心，而
这一点，有趣的信息图表做了清楚
的表现。把不同品种的鸟包含在
内，也很有格调。[4]

好样的，Smart。该品牌的机
智回应，让发推文的霍夫也心悦诚
服，如右图。

他在回复的推文里链接了自己的博客帖子，并称 Smart 品牌的回
应是"对信息图表的绝妙应用"。[*] 一个品牌的推文激发其他人想出了
一个新鲜字眼来描述它，这可不是天天都有的事。而且，霍夫注意
到，Smart 的这一巧妙举动，让自己反思起对品牌的认知来。真不坏。

但实时营销仅仅意味着聪明的社交响应吗？还是说不仅仅如此？

实时营销跟历史上其他优秀的营销没区别吗？那为什么我们为
它造出了这个花哨的新名字？

>
> 克莱顿·霍夫
> @adtothebone
>
> Smart居然比我还聪明。
>
> adtothebone.com/?P=721
>
> 这是最精彩的社交媒体回应。
>
> ← Reply　↱ Retweet　★ Favorite　●●● More
>
> 62　　　21
> RETWEETS　FAVORITES
>
> 11：16 AM-20 Jun 12

实时营销的崛起

> 实时营销抓住了市场营销的
> 核心：用有意义的方式，在
> 合适的地方、正确的时机，
> 以相关的内容与客户建立联
> 系，从而提高知名度、创造
> 需求、深化品牌使命。

想到实时营销，很多人会举一个现在已经很有名
的案例：2013 年第 47 届橄榄球超级碗大赛突然停电

---

　　* 原文为 Infographantastic，这是霍夫生造出来的词，是"Infograph"与
"phantastic"两个词合在一起而成，译为"对信息图表的绝妙应用"。——译者注

期间奥利奥发的推文。

超级碗是美国最盛大的体育赛事，因停电而导致灯光熄灭了半个多小时。奥利奥在这时发送了一张灯光打在小饼干上的照片，题为："黑暗中你仍然可以扣篮。"* 这条推文立刻传开了，得到了近15 000 次转发，在 Facebook 上得到了 20 000 次点赞。[5] 奥利奥捕捉到了文化历史上的重要一刻，并巧妙地为己所用，数百万人都很高兴地在社交媒体上分享了这一时刻。

这个例子虽然令人印象深刻，但实时营销不仅仅是针对当前事件给予机智的评论、作出创造性的响应，它还可以深入到营销策略的每一个环节。太多的品牌想努力地复制奥利奥的成功；围绕 2013 年奥斯卡颁奖典礼涌现出了太多的素材，但它们反倒表明：很多公司想趁着颁奖典礼的机会吸引受众，可大部分企业却并不理解实时营销到底是什么。

实时营销其实并不新鲜。只要营销人员希望在合适的时间和地点向合适的人传递合适的信息，那就需要有能够支持这一愿望的策略。新鲜的是我们现在有了许多新的渠道，动动手指就能运用聪明的方法，接触到前所未有的受众和数据。

显然，人们对能带来这种聪明方法的策略有需求。2012 年，Aprimo 营销自动化软件公司资助了一项调查，超过一半（54%）的营销专业人士说，吸引顾客是一项营销挑战，52% 的人认为噪声越来越强，争夺顾客的关注度是个问题。[6] 实时营销是品牌突破噪声、抵达客户的一条途径。

但我们必须把事情做对才行。频谱的一端，是一些品牌发起对话、创造性地回应时代思潮，甚至提前吹响时代思潮的号角；另一

STATS

根据公关及营销公司 Golin-Harris 的数据，实时营销之后，愿意尝试品牌或购买的人出现了 14% 的增幅，愿意向其他人推荐品牌的人更是激增了 18%。

---

* 原文为："You can still dunk in the dark."引申开来的意思是，哪怕摸黑也能把奥利奥饼干塞进自己的嘴里。——译者注

端，则是另一些公司，叫人忍不住联想起学校里那些围着酷孩子跑的呆瓜，渴望分得一杯羹，却用力过猛。

那么，你是哪一类企业呢？

这或许是一条很细微的界限，稍不留神就会越界。但做得对头，则有可能促进销售，带来新客户，激发消费者的口头推荐。右边是 eMarketer 引自 GolinHarris 的数据，揭示了实时营销对潜在客户的影响。[7] 如图所示，消费者对品牌的正面感受、兴趣、推荐、考虑、尝试和购买，都在接触了实时营销的曝光下有了明显提升。

我们知道，营销人员的目标是要在合适的时间和地点，向合适的人传递合适的信息。但是他们怎么才能知道，什么样的人合适、什么样的时机合适、什么样的地点合适、什么样的信息合适呢？这就是实时聆听和需要洞见的环节了。

2013 年，eMarketer 在报告《满足速度的需求：怎样用社交分析支持实时营销》（*Meeting the Need for Speed: How Social Analytics Support Real-Time Marketing*）中分解了现有的 7 种实时营销类型，向企业介绍了能够有所作为的潜在空间。

有一点很清楚，实时营销是品牌的营销策略中不可忽视的一环。2013 年，品牌似乎实现了过渡，开始在营销活动中使用实时数据。请看另一份来自 eMarketer 的图表，它引用了来自 Infogroup

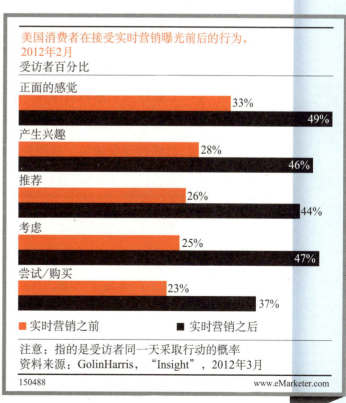

美国消费者在接受实时营销曝光前后的行为，2012年2月

受访者百分比

正面的感觉　33%　49%

产生兴趣　28%　46%

推荐　26%　44%

考虑　25%　47%

尝试/购买　23%　37%

■ 实时营销之前　　■ 实时营销之后

注意：指的是受访者同一天采取行动的概率
资料来源：GolinHarris，"Insight"，2012年3月

150488　　　www.eMarketer.com

资料来源：美国消费者在接受实时营销曝光前后的行为，"Insights"，2012 年 3 月 12 日

Targeting Solutions 和 Yesmail Interactive 的一份调查的数据，概述了品牌对实时数据的使用情况。

实时营销的 7 种类型

1. **实时购买（real-time buying，RTB）**。按需买卖广告展示次数的一种自动化方法，通常叫做程序化购买。

2. **动态创意优化**。自动改变广告的创意，从广告的目标受众获得最佳响应的一种方法。

3. **社会化客户关系管理（CRM）**。使用社交媒体快速响应顾客在社交媒体网站的评论或抱怨。

4. **实时内容营销**。利用来自社交分析的洞见，快速制作数字内容，满足即刻的营销需求。

5. **实时广告活动权衡**。根据有关广告营销活动的在线对话搜集意见，对媒体组合或创意进行动态调整。

6. **让营销与话题趋势保持一致**。根据社交媒体用户正在讨论的新闻事件或话题，制作内容、撰写文章，或创作其他营销素材。

7. **战略性业务决策**。应用来自社交媒体的洞见，迅速调整产品开发、定价或其他更加宏观的业务活动。[8]

现在有什么不同情况了呢？从前忽视实时营销的许多品牌，为什么如今又看上它了呢？

为了回答这个问题，我们不妨来看看，随着社交媒体技术从公司用来沟通的趣味性副业变成当代营销"武器库"中最强大的工具之后，营销人员手里的可用资源有了什么样的改变。

早在 20 世纪 60 年代，随着电视在家庭中的普及，广告业也经历了一场革命。想想电视连续剧《广告狂人》（*Mad Men*）吧：时尚的广告公司高管告诉用户他们需要什么，而某种产品又怎样提供了解决方案。

而在过去的几年里，市场营销经历了另一场革命：社交革命。营销人员不再告诉用户他们想要什么，相反，营销人员倾听客户的需求，开发相应的产品。

Marketers Worldwide 2013年营销活动实时数据的使用情况
受访者百分比

不知道如何使用：4%
打算首次使用：11%
不打算使用：11%
用不起：2%
打算更大规模地使用：53%
打算开始考虑：19%

资料来源：Infogroup Targeting Solutions and Yesmail interactive, "Data-Rich and Insight-Poor", Jan 21, 2013.
150845　　WWW.eMarketer.com

成功的营销借助先进的社交技术，前所未有地了解客户、预测需求。你购买过某种产品？根据你的个人资料，配合你的购买习惯和朋友网络，这里有另外两种相关推荐。你对某件事感兴趣？我们的品牌是这样围绕该事件引导对话的。你想发表评论、建议或进行投诉？这里的创意回应不仅能解答你的查询，还能把你从批评者变成忠实粉丝，热切地想要向朋友介绍我们公司。

实时营销不仅仅能够作出快速反应。它跟创造力和推动对话有关，也跟做实事的人进行有意义的实时对话有关。我们手头有了这么多的社交数据，营销部门不光要对时代精神作出实时响应，更可以用从前无法想象的方式驾驭时代精神。

可靠的、及时的数据一直是营销活动成功的关键；只要企业愿意采用，那么，过去5年里社交媒体的爆炸，就为之提供了丰富的数据。

你可以看出，实时营销不仅仅是广告或者创作聪明的内容，而是及时地、相关地在品牌与客户之间展开双向对话。公司内部所有的利害相关人员，以及公司的创意、社会响应、传统媒体策略等等，都需要采纳真正的实时营销心态。这才是最优秀的营销。

STATS

超过一半（53%）的受访品牌都打算更大规模地应用实时数据，只有17%的品牌说自己不打算使用、不知道怎么使用或者用不起。首次使用实时数据的用户占11%，这个采纳数字颇为可观。[9]

敏捷营销和社交数据的重要性

奥利奥围绕当前事件制作出机智的内容，这个案例让我们学到了两件事情：切题和创意。

但优秀的实时营销策略并不一定意味着始终急匆匆地生产内容以应对事件。这会让你的营销留给人"打一下动一下"的负面印象。最佳策略是把实时营销融入精心规划的媒体推广活动日程表里。也就是说，可以借助实时营销技术对推广活动进行调整，通过监控公众的接受度，在情绪尚未改变前就有所应对，或是随着推广活动的进行加以微调。受众很可能根本未曾意识到这种微妙的方法正在幕后发挥作用，但及时性、速度和创造力的重要性还是跟从前一样。

> 卓越的营销现在是一场围绕社区和激情展开的对话，它必须实现前所未有的灵活性、响应度和创造性。

实时营销内容应该支持更广泛的品牌营销策略，比如在广告中始终突出一个主题；鼓励围绕新的产品线（或顾客需求）展开对话。各部门必须敏捷地应对种种需要优秀创造性内容的情况，但不要为了参与所有的对话而忽视自己的优先事宜。庞大的社交数据量很容易让人感到无所适从，但只要各部门能关注自己的优先事宜，敏捷而优秀的营销就能发挥作用。企业不应当让营销策略淹没在对种种偶发事件的噱头反应当中，良好的策略性结构设计足以让实时营销与更宽泛的推广活动保持一致，并成为品牌营销人员日常操作中的一种习惯，或一种生活方式。

营销部门必须改变运作方式，以便迎接海量社交数据带来的挑战和机遇。由思科（Cisco）、佳得乐（Gatorade）和戴尔（Dell）等企业开创的社交媒体指挥中心，在一些大型组织里成为了常态，它们使用的分析工具提高了数据过滤工作的效率。公司还需要重新构建自己的决策方式，精简内容生成和发布流程。

"我们现在做事，能比以前更迅速、更有效，"iris 创意公司（iris Worldwide）亚太地区创意总监格兰特·亨特（Grant Hunter）说。"从创新的角度来看，我们有一整套的数字工具，可以连夜编辑代码、设计出微型网站，或是在一两天内就制作出有趣的视频内容，甚至用短短几分钟生成 Photoshop 组件，发布在 Facebook 上。"[10]

但 2012 年 6 月斯坦福大学进行的一项调查显示，近 2/3 的高管表示，他们没有用社交媒体信息跟踪过业务的成功情况；在 2012 年 9 月的一项研究中，Adobe 发现，2/3 的营销人员认为社交媒体应该更"以数据为根基"，但实际上只有不到 25% 的人在营销活动中真正使用了社交数据。[11]

为满足创新、及时和切题反应的目标，品牌必须把可用的数据利用起来，而且，它们必须围绕敏捷的概念来设计方方面面的事情，从营销部门的结构到决策的流程。

切题相关有时效性——但实时营销需要准备

图片和视频是对事件的创造性响应；它们建立在时代精神之上，而非单纯地发表观点（一条简单的推文就是这样）。它们便于分享，能很好地与欣赏原创内容的受众共鸣。图片还可以很好地融入企业品牌当中，以品牌的配色方案、标志或吉祥物为主题进行创作。这意味着，不管图片得到了多么大范围的分享，人们都能一眼就识别出它属于哪个品牌。

时机是实时作出反应的关键。品牌大多习惯于围绕平面广告和电视广告来组织推广活动，这些方式提前数月就可进行规划，故此，品牌往往很难适应在几

> 品牌不能简单地靠评论时代精神变得"更相关"，因为其他所有人也在这么做。
> ——伊恩·谢弗（Ian Schafer），
> Deep Focus 首席执行官[12]

天甚至几小时内就拿出视觉元素的概念。但如果你的品牌有强烈的愿望想要讲述故事，那么，你没有理由不把与品牌相关的新闻和文化事件整合起来，通过视觉媒体给出品牌的视角。并不是所有的品牌都需要像奥利奥那么迅速地设计出图片，有些品牌也会花更长时间来作出响应，这完全取决于受众及新闻事件。这种快速推出意味着品牌变得更像发行商，要换用全新的思维和运作方式，以便在相关的事件发生当时就抢得先机。

把这类图片当成主要的平面广告和电视广告的补充情节，或许有一定的帮助。你不必彻底换用全新的概念。只要你认可这样的做法，就能拥有更大的灵活性，更能实时地适应周围世界发生的事情。

依靠一张精心设计的图片，企业无须太多的文字解释就能对形形色色的情况给予响应。以下是一些例子：

必须要记住，一些最优秀的即兴照片和视频是花了工夫准备的。回应体育赛事或奥斯卡颁奖典礼，这可以预先计划（你知道这一天必定来临，你可以设计若干备选方案，不管出现什么样的结果都能应对得当）；但真正的实时响应，不光需要你有强大的肌肉记忆力，更需要制定正确的内部底层架构。实时营销的真正力量来自内部授权与反复演练。

许多品牌都试图效仿奥利奥成功的超级碗推文，但后者并非"幸福的意外"或者纯粹靠走运带来的结果，靠发布一张照片无法仿效其精髓。奥利奥花了好几个月的时间，通过巧妙运用实时营销来培养网络受众，强化其实时营销的记忆力，它们的 100 段"每日一扭"庆祝活动就是明证。奥利奥的营销团队为超级碗突发事件做了训练，他们锤炼其创意响应流程，把它融合到日常习惯当中，就跟运动员为了重大赛事做训练差不多。

实时营销的例子

1. **Twitter 热门话题**。最近，英国通过同性婚姻法案之后，维珍假日公司（Virgin Holidays）希望在庆祝活动中占有一席之地，与此同时，公司还发布了一条及时的蜜月旅行套餐通知。[13] 图片上写道："同性婚姻法案通过。快去度蜜月吧。"和文字相辅相成的视觉元素是：满满的两杯香槟搁在一起，两支酒杯上都留着红色唇膏的痕迹。

2. **超级碗或奥运会等重大事件**。在超级碗大赛中，凭借一段"黑暗中你仍然可以扣篮"的推文，奥利奥成为社交媒体的赢家。在奥斯卡颁奖礼上，它延续了这一主题，趁着奥斯卡为詹姆斯·邦德颁奖，奥利奥也用推文向这位世界最著名的秘密特工致敬。[14]

3. **节假日**。通用电气通过突出发明创作和发明家，邀请受众参与活动，庆祝 2 月 11 日托马斯·爱迪生的生日和发明家日。[15]

4. **暴风雪、名人婚礼或皇室新出生了宝宝等时事**。迷你库柏（Mini Cooper）放出了一幅广告，展示其全新款四驱 Nemo 能帮助你"继续游泳"，作为对一场暴风雪的回应。图片内容是汽车在雪地里行驶，附加的文本为："在暴风雪里找到出路。"这机智而及时地延续了现有营销。

5. **回应评论、批评或建议**。一些最有创意的视觉回应来自客户投诉。Bodyform 最近发布了一段视频，回复其 Facebook 主页上一位叫理查德·尼尔（Richard Neill）的男性客户的幽默投诉。理查德对 Bodyform 的浪漫化表达——"尽享快乐、'蓝水'和翅膀"提出了异议。他半开玩笑地抱怨说，身为男性，他简直有点嫉妒 Bodyform 描述的女性经期了。他说，第一次交到女朋友之后自己很高兴，"迫不及待地等待那个月冒险时刻的来临"。但"我的姑娘突然从一个可爱、温柔、皮肤颜色正常的妹子变成了电影《驱魔人》（The Exorcist）里的小女孩，分泌毒液，脑袋还能旋转 360 度。"他的期待变成了怀疑。Bodyform 在说谎！理查德想问，为什么 Bodyform 要在广告里误导所有的男士，为什么给他设下了这样大的陷阱。

　　这一下，10 万多人给理查德的帖子点了赞。Bodyform 实时地拍摄了一段故作严肃的视频，演员扮演的首席执行官卡罗琳·威廉姆斯（Caroline Williams）给自己倒了一杯蓝色的水，为公司在广告里隐瞒了事实道歉。她解释说，广告不是"对事件的事实性表述……它们其实是比喻。它们并非真实……快乐的经期这种东西，根本不存在……有些人就是无法面对真相"。威廉姆斯解释了公司的广告怎样保护男性，不让他们看到恶心的真实情况："（在经期，女性）情绪大幅波动，抽筋，饥饿感随时都会爆发，还有……没错，理查德，血从我们的子宫里喷涌而出，就像一场深红色的山体滑坡。"但她又说，理查德的 Facebook 帖子"让所有的男性都看到了实际情况——虽然，我们真心希望他们永远不知道"。这段视频很搞笑，现在已得到了 500 万多次浏览。如果你还没看过，请访问 http://www.youtube.com/watch?v=Bpy75q 2DDow。[16]

6. **最流行的东西，比如疯狂传播的 YouTube 视频**。说到回应火爆传播的内容，你绝对希望自己第一波就赶上趟，而不是后知后觉，到了第 100 波时才恍然大悟地采取行动。因为切题相关这一点是有时间限制的。这里有一些颇具启发意义的回应，比如索尼拍摄的电影《天降美食 2》（Cloudy with a Chance of Meatballs 2）放出了一段"哈莱姆摇摆舞"的预告片。哈莱姆摇摆舞是一段 30 秒的互联网模因，先是一个人在人群里忘乎所以地疯狂跳舞，接着背景音乐加入重低音，所有人都穿着疯狂的衣服开始跳舞。2013 年初以来，数万个版本的哈莱姆摇摆舞上传到网上，包括挪威军队、曼彻斯特足球队的球员、《每日秀》（The Daily Show）的员工。

叶卡捷琳娜参加了英特尔版的哈莱姆摇摆舞，出演人员是英特尔圣克拉拉园区的员工。这是英特尔的员工们自己提出的一个即兴想法，他们带着各种搞怪的衣服来到园区，对原始视频进行趣味翻拍。这不仅促进了团队建设，让午餐时间充满趣味，更让团队惊喜的是，该视频还得到了 12 万多次浏览。视频不光展现了英特尔员工在社交媒体上的创造力，还让客户看到了技术巨头的内部文化。你可以点击下面的链接观看哈莱姆摇摆舞（英特尔版）视频：http://www.youtube.com/watch?v=tjXxzvvGyyc。

计划和准备是不同的。奥利奥的团队在几个月里
不断尝试、改进实时响应技术，为超级碗停电事件
（没人能够预料）做了准备。这才是他们"在黑暗中
你仍然可以扣篮"的图片推文成功的原因：在一语中
的的信息背后，隐藏着为了这一刻到来所付出的数月努力和实践。

奥利奥团队的例子很棒，因为它揭示出，实时营销反应过程应
如何深入到品牌营销的日常运作当中去。大部分的日子里并不会出
现能打动品牌受众内心（或跟品牌核心信息产生共鸣）的文化事件，
可一旦某个互联网模因、时事新闻故事或是一条客户评论真的特别
出色地掀起了共鸣，品牌便摆好了姿势，时刻准备以经过深思熟虑
的独到创意方式给予响应。

实时营销如果做得好，可以创造出一个理解客户、在产品设计
中反映客户需求、敏捷地处理反馈、围绕自身专业知识推动对话的
品牌。实时营销存在的最明显问题在于，这是一种高度可见的营
销方法，其结构必须置于组织内部，以支持信息流入、流出营销
部门。

我们知道，对成功的实时营销而言，敏捷意味着一切。敏捷不
一定意味着你要及时回应每一件事，因为这可能会带来种种下意识
的反应，让你的整体营销策略支离破碎。但是组织结构（尤其是大
品牌）往往庞大而缺乏灵活性，流程十分缓慢。营销部门习惯于提
前规划未来数个月的活动，在营销推广活动得到批准之前进行大量
的研究和测试。而实时营销则需要更灵活的方式，往往还伴随着更
大的、超出以往的部门自主权。

就算一个品牌的产品并不适合动态促销或快速响应（比如，许
多公司来自受高度监管的行业，在公布任何信息之前，都需要法律
团队的深度参与），仍然可以借助实时营销监控反应、衡量客户参与
度，或进行市场调研。如果你多回顾一些过去吸引眼球的例子，思

考怎样应用数据和分析，你可能会发现，很多途径都可以用到实时营销提供的洞见。

毫无疑问，实时营销出错会引发负面的喧嚣。有一些回应当前事件的推文或 Facebook 帖子，品味糟糕得出奇。这方面比较出名的例子不少。时尚设计师肯尼思·科尔（Kenneth Cole）拿"开罗起义"开过玩笑；食物网站"美食家"（Epicurious）发过一条调侃波士顿爆炸的推文。幕后营销人员太过急切地跳上了实时营销的花车。促销推广讲究时间和地点，可当时并非适合促销的时间和地点。

因为运气不大好，一些公司预先安排的推文引发了客户的愤慨。超市巨头乐购（Tesco）涉嫌卷入马肉丑闻，不巧，官方账户却发出了这样的推文："到睡觉的时候啦！我们去马厩啦！明早 8 点见。#TescoTweets"。公司的消费者正为自己可能吃了受污染的肉感到震惊，官方却发出了一条跟马有关的双关语推文，导致公众勃然大怒。乐购很快道歉，称"推文是预先排好期发布的，当时我们还不知道目前的状况。"[17]

实时营销不仅仅是撰写消息。它还需要监控输出内容与公众情绪之间的关系。在上述例子中，如果设计策略时更包容他人的意见，确保将来的推文在发送之前先根据社交及时事信息加以过滤，或许能避免尴尬的局面。

不是所有社交媒体实时营销的失败都是出于判断失误。有时候，内容独创性不足、太过俗气也对品牌有害。如果你对实时营销的定义指的是评论时事，赶热门话题的浪潮，那么你只是徒然增加噪音而已。许多人都认为，品牌围绕 2013 年奥斯卡颁奖典礼所输出的内容，基本上都错失了这个进行创造性回应的大好机会。你不希望成为最后一个赶潮流的人，但身为营销人员，你也要确保自己的营销内容跟当前情况相关，符合你的整体营销策略，与你品牌的目标与声音相一致。

未来：四维营销

实时营销正处于起步阶段。智能手机近乎全面普及，为实时营销带来了另一个维度：地理定位。想象一下，你将实时定位信息添加到实时营销的统计数据当中。你可以预料客户一天内在不同位置的需求变化——根据他们的个人资料推荐餐厅；什么样的广告在这一刻最能打动他们（比如纽约人到佛罗里达度假，给他们推送冬衣广告就毫无意义了）；他们的朋友此刻在什么地方。

但在我们进入新的阶段之前，还需要继续构建我们的营销部门，使之支持实时营销的心态，使之成为营销工作方方面面的核心。研发、策略、客户服务、推广活动的执行、相关话题的交流，都可以把实时营销作为根基。这样一来，掌握了正确的知识和工具，我们就可以动作敏捷，迎接未来。

如果我们做好训练，把讲故事作为日常营销策略的一个环节，那么，实时营销能很好地帮助我们讲述品牌的视觉故事。我们需要弄清楚的是，哪些事件跟我们的品牌相关、跟我们的客户相关。接下来，我们就可以创建视觉效果，展示品牌对这些事件的看法（实际上，也就是作为我们讲故事的道具）。这为我们的故事带来生命力，让它获得日常相关性。

为了让实时营销取得成功，我们必须改变对营销从组织到思考等多方面的基本认识。我们需要让关键部门整合到一起（创意、分析、付费媒体、社交媒体、法务和策略），以便严格按照时间要求展开工作。打好上述基础之后，我们方能确保营销方向紧密切合各方利益相关人士的意愿，实时营销则能支持品牌现在与未来的方向。有了正确的心态，我们可以借助种种工具与数据，精简创作过程，响应文化事件和客户的关注。我们需要做好准备，一旦时机到来，我们才能抓住它、驾驭它。

结语

无疑，对品牌和消费者而言，这是一个同样激动人心的时代。这是个赞美破坏、消费者比以往任何时候都更精明的时代，而我们就在这样的时代里做生意。"不创新，就灭亡"的说法早就成了常态，这促使营销人员更聪明地开展工作，也鼓动他们突破重重噪音，讲述自己品牌的故事。

伴随着社交媒体平台的普及，出现了数量庞大的关注者，这令人们愈发重视开拓这些社区的潜力。成功的营销人员意识到，这些网站越来越倾向于视觉表现，而且并非出于偶然。改变消费者的行为，浏览、分享视觉效果和富媒体的需求，既推动了消费，也带动了参与。

在任意一天访问任何社交媒体，你都会发现那上面有着无穷无尽的视觉内容。在"信息过度症"的时代，在数字噪音愈发喧嚣的时代，作为一种策略，视觉营销不再只是为了搏出位，也是为了培养、发展活力四射的参与型社区。有能力制作能调动情绪、激发行动的视觉效果的公司可以得到关注，还可以通过社区放大自己的故事。消费者不一定要到社交媒体网站上去听公司讲故事，但吸引人的视觉元素能把他们带入有趣的故事，或是提供宝贵的教训，从而提高品牌知名度、客户忠诚度，获得所需的行动，甚至拉动销售。

为掌握视觉营销，你需要动用一套强大的工具集。通过这本书，我们想分享种种帮你做好准备的策略、资源和其他工具，你不仅能用它们构建一套有力的视觉内容营销策略，还能设计出公司的视觉故事。我们希望，本书还能成为创意催化剂，鼓励你检验、发明不同的视觉营销方法。

虽然很难判断接下来社交和数字革命会向什么方向发展，但有一件事我们应该可以达成共识。视觉元素和富媒体将继续在我们创造、消费和传播信息的过程中扮演重要的角色。弄清消费者希望怎样接收信息，这些偏好怎样随时间发生变化，是营销和企业实现可持续成功的关键。

在数字和社交媒体的世界，"改变"不再是虚拟语态，而是进行语态。为应对变化做好准备，不仅能确保你的视觉营销有始有终，还能为它带来种种曲折的情节，鼓励消费者，让他们变成回头客。

讲述自己的视觉故事——你，准备好了吗？

SURPRISING
USER-GENERATED
EXPERIMENTAL
INTERACTIVE CURATED
SHARE-WORTHY STORYTELLING MOTIVATIONAL
POWERFUL TRUSTED
VALUE-ADD INSPIRATIONAL
CAPTIVATING EDUCATIONAL
REAL-TIME EMOTIONAL COLORFUL
AUTHENTIC RELEVANT
DESIGN

Design by Eric Egerton.

致谢

首先，也是最重要的，我们要感谢诸位读者拿起了我们的书。写这本书，在我们两人看来，都是一个充满激情的项目，我们希望你们在书里找到了自己想找的一切。

我们想把最深的感激献给为本书提供了灵感与鼓励的营销工作者：Jay Baer，Laura Fitton，Dan Roam，Brian Solis，Jennifer Lashua，Bryan Rhoads，Wendy Lea，Tom Fishburne，Claudia Allwood 和 Debra Aho Williamson，等等。

特别感谢 Steve Garfield，他是我们的朋友，本身也是一位优秀的视觉营销人，谢谢他为我们拍摄了这么可爱的作者大头照。我们还要感谢 Jennifer Stakes Roberts，谢谢她对这个项目的无限支持。

跟麦格劳 - 希尔出版公司的出色团队合作，是一次可喜的经历，这漫漫长路中的每一步，他们都陪伴左右。内容和截然不同的视觉元素，是该团队致力于创新出版的明证。

　　最重要的是，我们还要感谢朋友和家人对我们的鼓励及支持。你们都是上天的馈赠。我们的成就，就是你们的成就。

　　最后，本书还证明：建立良好的人际关系是多么重要，在你最不经意的时候，精彩的机会却呈现在你眼前。尽管我俩通过社交媒体行业已经认识了一段时间，但 2012 年在巴黎 LeWeb 大会上相处的短短几天，才是酝酿出本书概念的真正催化剂。我们要感谢巴黎 LeWeb 的朋友们，Cedric Giorgi，Loic 和 Geraldine Le Meur，因为你们，我们才意外地在这个项目上联手合作。

　　随着你合上本书的最后一页，信心百倍地去借助视觉营销的力量，请记住：你所做的工作，和你构建的关系同样重要。

——叶卡捷琳娜和杰西卡

注释

前言

1. http://www.goodreads.com/author/quotes/3503.Maya_Angelou.

第1章

1. http://www.socialmediaexaminer.com/storytelling-with-images/.
2. http://moz.com/ugc/brands-take-to-instagram-for-marketing.
3. http://www.youtube.com/yt/press/statistics.html.
4. http://www.business2community.com/social-media/3-shocking-social-media-stats
   -that-will-amp-up-your-marketing-0264544#LWR5SBCcHLobR3SV.99.
5. http://venturebeat.com/2013/02/27/sephora-our-pinterest-followers-spend-15x-more
   -than-our-facebook-followers/.
6. https://www.facebook.com/blog/blog.php?post=2207967130.
7. http://www.insidefacebook.com/2007/12/18/top-10-facebook-stories-of-2007/.
8. http://www.insidefacebook.com/2007/12/18/top-10-facebook-stories-of-2007/.
9. http://www.insidefacebook.com/2007/12/09/inside-facebook-marketing-bible-24
   -ways-to-market-your-brand-company-product-or-service-in-facebook/.
10. http://www.socialmediaexplorer.com/social-media-marketing/facebook-group-and
    -brand-page-best-practices/.
11. http://simplymeasured.com/blog/2012/03/27/the-impact-of-facebook-timeline-for
    -brands-study/.
12. http://mashable.com/2013/03/07/new-facebook-news-feed/.
13. Ekaterina Walter, *Think Like Zuck*, McGraw-Hill, 2013.
14. http://www.socialmediaexaminer.com/storytelling-with-images/.

15. http://mobithinking.com/mobile-marketing-tools/latest-mobile-stats/a#subscribers.

16. http://library.thinkquest.org/08aug/00869/whendidlanguagestart.html.

17. From http://www.b2bcontentengine.com/2012/08/09/19-reasons-you-should-include
-visual-content-in-your-marketing-data/, based on research from http://www.billion
dollargraphics.com/infographics.html and http://www.webmarketinggroup.co.uk/
Blog/why-every-seo-strategy-needs-infographics-1764.aspx.

18. http://www.businessballs.com/mehrabiancommunications.htm.

19. From http://www.b2bcontentengine.com/2012/08/09/19-reasons-you-should-include
-visual-content-in-your-marketing-data/, based on research from http://www.billion
dollargraphics.com/infographics.html.

20. From http://heidicohen.com/5-facts-prove-visual-content-is-a-guaranteed-winner/,
based on research from http://www.mdgadvertising.com/blog/its-all-about-the
-images-infographic/.

21. http://paulbiedermann.sharedby.co/share/oP1Q4H.

22. http://resources.bazaarvoice.com/rs/bazaarvoice/images/201202_Millennials_
whitepaper.pdf.

23. http://www.mediabistro.com/alltwitter/91-of-b2b-marketers-now-use-social-media
-for-content-marketing-study_b44220.

24. From http://www.b2bcontentengine.com/2012/08/09/19-reasons-you-should-include
-visual-content-in-your-marketing-data/, based on research from http://www
.billiondollargraphics.com/infographics.html and http://www.webmarketinggroup
.co.uk/Blog/why-every-seo-strategy-needs-infographics-1764.aspx.

25. From http://www.b2bcontentengine.com/2012/08/09/19-reasons-you-should-include
-visual-content-in-your-marketing-data/, based on research from http://www.web
marketinggroup.co.uk/Blog/why-every-seo-strategy-needs-infographics-1764.aspx.

26. http://mashable.com/2013/04/29/snackable-content-buzzword/.

27. http://www.comscore.com/Insights/Blog/2013_Digital_Future_in_Focus_Series.

28. From http://heidicohen.com/5-facts-prove-visual-content-is-a-guaranteed-winner/,
based on research from http://www.mdgadvertising.com/blog/its-all-about-the
-images-infographic/.

29. From http://heidicohen.com/5-facts-prove-visual-content-is-a-guaranteed-winner/,
based on research from http://www.mdgadvertising.com/blog/its-all-about-the
-images-infographic/.

30. http://mashable.com/2013/04/25/nestivity-engaged-brands.

31. http://www.customcontentcouncil.com/news/nearly-44-billion-new-survey-shows
-rise-content-marketing-budget.

32. From http://heidicohen.com/5-facts-prove-visual-content-is-a-guaranteed-winner/,
based on research from http://www.mdgadvertising.com/blog/its-all-about-the
-images-infographic/.

33. From http://heidicohen.com/5-facts-prove-visual-content-is-a-guaranteed-winner/,
based on research from http://www.mdgadvertising.com/blog/its-all-about-the
-images-infographic/.

34. From http://www.b2bcontentengine.com/2012/08/09/19-reasons-you-should-include
-visual-content-in-your-marketing-data/, based on research from http://www.billion
dollargraphics.com/infographics.html.

35. From http://www.b2bcontentengine.com/2012/08/09/19-reasons-you-should-include
-visual-content-in-your-marketing-data/, based on research from http://ansonalex
.com/infographics/infographic-effectiveness-statistics-infographic/.

36. From http://www.b2bcontentengine.com/2012/08/09/19-reasons-you-should-include
-visual-content-in-your-marketing-data/, based on research from http://moz.com/
blog/what-makes-a-link-worthy-post-part-1.

37. http://www.marketingsherpa.com/article/how-to/videos-attract-300-more-traffic.

38. http://www.location3.com/why-visual-content-is-essential/.

39. http://www.jeffbullas.com/2012/05/28/6-powerful-reasons-why-you-should-include-images-in-your-marketing-infographic/#Rqga52Olcrs0z5oL.99.
40. http://www.jeffbullas.com/2012/05/28/6-powerful-reasons-why-you-should-include-images-in-your-marketing-infographic/.
41. http://www.jeffbullas.com/2012/05/28/6-powerful-reasons-why-you-should-include-images-in-your-marketing-infographic/.
42. http://www.jeffbullas.com/2012/05/28/6-powerful-reasons-why-you-should-include-images-in-your-marketing-infographic/.
43. http://www.jeffbullas.com/2012/05/28/6-powerful-reasons-why-you-should-include-images-in-your-marketing-infographic/.
44. http://www.jeffbullas.com/2012/05/28/6-powerful-reasons-why-you-should-include-images-in-your-marketing-infographic/.
45. http://www.eyeviewdigital.com/documents/eyeview_brochure.pdf.

第 2 章

1. http://www.brainyquote.com/quotes/keywords/pictures_2.html#Ic00mwK601F8eQG0.99.
2. http://mashable.com/2013/05/29/mary-meeker-internet-trends-2013/.
3. http://www.urbandictionary.com/define.php?term=pics%20or%20it%20didn't%20happen.
4. Richard Dawkins, *The Selfish Gene,* 30th anniversary ed., Oxford University Press USA, New York, 1976.
5. http://www.amusingplanet.com/2013/06/lolcats-from-yesteryears-photographs-by.html.
6. http://www.brandchannel.com/home/post/Home-Depot-Richard-Meme-041913.aspx.
7. http://mwpdigitalmedia.com/blog/why-web-video-should-be-central-to-your-social-media-strategy/.
8. http://www.prdaily.com/Main/Articles/14623.aspx#.
9. http://www.jeffbullas.com/2012/04/23/48-significant-social-media-facts-figures-and-statistics-plus-7-infographics/#eH2WSfuoRDRMslUy.99.
10. http://mashable.com/2013/05/15/viral-video-factors/.
11. http://brandongaille.com/slideshare-statistics-and-marketing-tips/.
12. http://brandongaille.com/slideshare-statistics-and-marketing-tips/.
13. http://www.ragan.com/Main/Articles/5_ways_Whole_Foods_builds_awareness_on_Pinterest_46293.aspx.
14. http://online.wsj.com/article/SB10001424127887324216004578483094260521704.html.
15. http://postcards.blogs.fortune.cnn.com/2012/10/17/coke-clark-facebook/.
16. http://postcards.blogs.fortune.cnn.com/2012/10/17/coke-clark-facebook/.
17. http://www.buzzfeed.com/andrewgauthier/the-incredible-amount-of-stuff-that-happens-on-the-internet.

第 3 章

1. From http://www.b2bcontentengine.com/2012/08/09/19-reasons-you-should-include-visual-content-in-your-marketing-data/, based on research from http://www.billiondollargraphics.com/infographics.html and http://www.webmarketinggroup.co.uk/Blog/why-every-seo-strategy-needs-infographics-1764.aspx.
2. http://mashable.com/2013/04/29/snackable-content-buzzword/.

3. http://blog.shareaholic.com/2012/01/pinterest-referral-traffic.
4. http://sherpablog.marketingsherpa.com/b2b-marketing/channel-marketing/b2b-pinterest-content-marketing/.
5. http://sherpablog.marketingsherpa.com/b2b-marketing/channel-marketing/b2b-pinterest-content-marketing/.
6. http://www.fastcompany.com/3008342/what-pinterest-redesign-means-brands.
7. http://www.searchenginejournal.com/pinterestingly-enough-interesting-pinterest-stats/45328/.
8. http://www.businessinsider.com/pinterest-is-worth-2-billion-because-its-25-million-users-are-rich-female-and-like-to-spend-2013-2.
9. http://venturebeat.com/2013/02/27/sephora-our-pinterest-followers-spend-15x-more-than-our-facebook-followers/.
10. http://new.pitchengine.com/pitches/0b0228ae-1ace-4f56-8c50-3cdef44d88b1.
11. http://new.pitchengine.com/pitches/0b0228ae-1ace-4f56-8c50-3cdef44d88b1.
12. http://new.pitchengine.com/pitches/0b0228ae-1ace-4f56-8c50-3cdef44d88b1.
13. http://www.shop.org/c/journal_articles/view_article_content?groupId=1&articleId=1541&version=1.0.
14. http://www.shopify.com/blog/6058268-how-pinterest-drives-ecommerce-sales#axzz2SEv3Ya59.
15. http://www.nielsen.com/us/en/newswire/2012/digital-lives-of-american-moms.html.
16. http://www.blogher.com/women-and-social-media-2012.
17. http://www.richrelevance.com/.
18. http://www.mediabistro.com/alltwitter/social-media-stats-2012_b30651.
19. http://www.arikhanson.com/2012/02/21/18-compelling-stats-to-help-sell-your-boss-on-pinterest/.
20. http://blog.curalate.com/pinterest-85-percent-organic/.
21. http://www.repinly.com/stats.aspx.
22. https://blog.compete.com/2012/06/28/pinning-down-the-impact-of-pinterest/.
23. http://blog.shareaholic.com/2012/01/pinterest-referral-traffic.
24. http://www.businessinsider.com/pinterest-is-worth-2-billion-because-its-25-million-users-are-rich-female-and-like-to-spend-2013-2#ixzz2UbNXVo00.
25. http://new.pitchengine.com/pitches/0b0228ae-1ace-4f56-8c50-3cdef44d88b1.
26. http://www.she-conomy.com/facts-on-women.
27. http://www.she-conomy.com/facts-on-women.
28. http://blog.hubspot.com/blog/tabid/6307/bid/33845/8-Real-Life-Examples-of-Engaging-Pinterest-Contests.aspx.
29. http://www.socialmediaexaminer.com/pinterest-contest/.
30. http://www.jeffbullas.com/2012/04/23/48-significant-social-media-facts-figures-and-statistics-plus-7-infographics/#eWSfuoRDRMslUy.99.
31. http://www.entrepreneur.com/article/226924.
32. http://www.jeffbullas.com/2012/04/23/48-significant-social-media-facts-figures-and-statistics-plus-7-infographics/#eWSfuoRDRMslUy.99.
33. http://www.changeboard.com/content/2854/bring-your-brand-to-life-through-the-power-of-video/.
34. http://www.changeboard.com/content/2854/bring-your-brand-to-life-through-the-power-of-video/.
35. http://www.jeffbullas.com/2012/04/23/48-significant-social-media-facts-figures-and-statistics-plus-7-infographics/#eWSfuoRDRMslUy.99.
36. http://www.jeffbullas.com/2012/04/23/48-significant-social-media-facts-figures-and-statistics-plus-7-infographics/#eWSfuoRDRMslUy.99.
37. http://www.jeffbullas.com/2012/04/23/48-significant-social-media-facts-figures-and-statistics-plus-7-infographics/#eWSfuoRDRMslUy.99.
38. http://www.youtube.com/yt/press/statistics.html.

39. http://www.youtube.com/yt/press/statistics.html.

40. http://www.youtube.com/yt/press/statistics.html.

41. http://www.youtube.com/yt/press/statistics.html.

42. http://www.youtube.com/yt/press/statistics.html.

43. http://www.jeffbullas.com/2012/04/23/48-significant-social-media-facts-figures-and
    -statistics-plus-7-infographics/#eWSfuoRDRMslUy.99.

44. http://www.youtube.com/yt/press/statistics.html.

45. http://www.youtube.com/yt/press/statistics.html.

46. http://www.youtube.com/yt/press/statistics.html.

47. http://www.clickz.com/clickz/news/2198728/video-drives-clothing-sales.

48. http://bespokevideoproduction.wordpress.com/2011/04/08/kiss-goodbye-to-the-30
    -second-ad-youtube-branded-clips-and-click-to-buy-are-redefining-the-who-what
    -where-when-and-how-of-online-campaigns/.

49. http://www.nytimes.com/2013/04/11/business/smallbusiness/dollar-shave-club-from
    -viral-video-to-real-business.html?pagewanted=all&_r=1&.

50. http://www.forbes.com/sites/capitalonespark/2013/01/23/tell-dont-sell-use-content
    -marketing-to-boost-your-business.

51. http://blog.hubspot.com/blog/tabid/6307/bid/33629/50-of-Facebook-Fans-Prefer
    -Brand-Pages-to-Company-Websites-INFOGRAPHIC.aspx.

52. http://www.socialmediaexaminer.com/storytelling-with-images/.

53. http://simplymeasured.com/blog/2012/03/27/the-impact-of-facebook-timeline-for
    -brands-study/.

54. http://techcrunch.com/2013/01/17/facebook-photos-record/.

55. http://www.business2community.com/facebook/facebook-marketing-statistics-you
    -need-to-know-0289953.

56. http://www.business2community.com/facebook/facebook-marketing-statistics-you
    -need-to-know-0289953.

57. http://uberly.com/facebook-statistics-2012/.

58. http://offers.hubspot.com/2013-state-of-inbound-marketing?__hstc=20629287
    .70b52168144dff23b49a5912d139749f.1370872534479.1370872534479.13708725344
    79.1&__hssc=20629287.1.1370872534479.

59. http://offers.hubspot.com/2013-state-of-inbound-marketing?__hstc=20629287
    .70b52168144dff23b49a5912d139749f.1370872534479.1370872534479.13708725
    34479.1&__hssc=20629287.1.1370872534479.

60. http://www.syncapse.com/value-of-a-facebook-fan-2013/#.UW6uQrVJNQU.

61. http://www.experian.com/blogs/marketing-forward/2012/02/07/10-key-statistics
    -about-facebook/.

62. http://www.zdnet.com/blog/facebook/facebook-accounts-for-1-in-every-7-online
    -minutes/6639.

63. http://www.digiday.com/brands/10-stats-brands-should-know-about-facebook/.

64. There are 2.5 billion content shares a day on Facebook.

65. http://www.digiday.com/brands/10-stats-brands-should-know-about-facebook.

66. http://venturebeat.com/2013/03/05/facebook-15-million-businesses-companies-and
    -organizations-now-have-a-facebook-page.

67. http://www.slideshare.net/performics_us/performics-life-on-demand-2012
    -summary-deck.

68. http://www.nytimes.com/2011/06/29/business/media/29adco.html?_r=0.

69. http://blog.neworld.com/2011/how-a-facebook-campaign-increased-sales-by-35-and
    -generated-pr-worth-200/.

70. http://www.businesswire.com/news/home/20130516005749/en/Harlem-Globetrotters
    -Increases-Web-Traffic-Geo-Targeted-Facebook.

71. http://cdn.pamorama.net/wp-content/uploads/2013/05/HubSpot-Facebook
    -marketing-case-study.pdf.

72. http://www.mediabistro.com/alltwitter/social-photo-video_b27506.

73. http://therealtimereport.com/2011/03/18/77-of-fortune-global-100-companies-use -twitter/.

74. http://therealtimereport.com/2011/03/18/77-of-fortune-global-100-companies-use -twitter/.

75. http://therealtimereport.com/2011/03/18/77-of-fortune-global-100-companies-use -twitter/.

76. http://therealtimereport.com/2011/03/18/77-of-fortune-global-100-companies-use -twitter/.

77. https://blog.twitter.com/2011/numbers.

78. https://blog.twitter.com/2011/numbers.

79. https://blog.twitter.com/2011/numbers.

80. https://blog.twitter.com/2011/numbers.

81. https://blog.twitter.com/2011/numbers.

82. http://www.sysomos.com/insidetwitter/mostactiveusers/.

83. http://www.sysomos.com/insidetwitter/mostactiveusers/.

84. http://offers.hubspot.com/how-to-use-twitter-for-business.

85. http://offers.hubspot.com/how-to-use-twitter-for-business.

86. http://www.socialtechnologyreview.com/articles/40-fascinating-twitter-facts.

87. http://mashable.com/2013/04/25/nestivity-engaged-brands.

88. http://www.digitalbuzzblog.com/volkswagen-fox-twitter-zoom-campaign.

89. http://socialmediatoday.com/bryannagy/1211641/coca-cola-s-twitter-contest-heart -truth.

90. http://www.prnewswire.com/news-releases/radioshack-campaign-honored-for -social-media-innovation-132789133.html.

91. http://mashable.com/2013/06/27/instagram-video-top-brands/.

92. http://mashable.com/2013/06/27/instagram-video-top-brands/.

93. http://www.newsreach.co.uk/knowledge-centre/news/social-media-marketing/ instagram-me-happy-brands-turning-to-visual-marketing/.

94. http://online.wsj.com/article_email/SB10001424127887324577304579059230069305894-lMyQjAxMTAzMDAwODEwNDgyWj.html.

95. http://moz.com/ugc/brands-take-to-instagram-for-marketing.

96. http://www.forbes.com/sites/marketshare/2012/08/13/more-brands-joining -instagram-and-with-good-reason/.

97. http://appdata.com.

98. Simply Measured.

99. http://moz.com/ugc/brands-take-to-instagram-for-marketing.

100. http://moz.com/ugc/brands-take-to-instagram-for-marketing.

101. http://www.businessinsider.com/statistics-that-reveal-instagrams-mind-blowing -success-2012-4.

102. http://www.digitalbuzzblog.com/infographic-instagram-stats/.

103. http://moz.com/ugc/brands-take-to-instagram-for-marketing.

104. http://mashable.com/2012/10/09/instagram-felix-baumgartner-red-bull/.

105. http://mashable.com/2012/02/02/ford-fiesta-instagram/.

106. http://mashable.com/2012/02/02/ford-fiesta-instagram/.

107. http://www.clickz.com/clickz/column/2239636/tumblr-untapped-marketing -goldmine.

108. http://leaderswest.com/2013/06/13/infographic-average-time-per-visit-on-tumblr-is -34-minutes/.

109. http://dachisgroup.com/2013/04/no-comment-using-tumblr-to-tell-your-brand -story/.

110. http://leaderswest.com/2013/06/13/infographic-average-time-per-visit-on-tumblr-is -34-minutes/.

111. http://blogs.wsj.com/digits/2013/05/20/the-numbers-behind-tumblr/.
112. http://www.tumblr.com/about.
113. http://www.tumblr.com/about.
114. http://www.comscore.com/Insights/Blog.
115. http://www.comscore.com/Insights/Blog.
116. http://www.comscore.com/Insights/Blog.
117. http://leaderswest.com/2013/06/13/infographic-average-time-per-visit-on-tumblr-is-34-minutes/.
118. http://leaderswest.com/2013/06/13/infographic-average-time-per-visit-on-tumblr-is-34-minutes/.
119. http://www.brandchannel.com/home/post/Tumblr-Brand-Marketing-011412.aspx.
120. http://www.clickz.com/clickz/column/2239636/tumblr-untapped-marketing-goldmine.
121. http://www.clickz.com/clickz/column/2239636/tumblr-untapped-marketing-goldmine.
122. http://www.clickz.com/clickz/column/2239636/tumblr-untapped-marketing-goldmine.
123. http://www.clickz.com/clickz/column/2239636/tumblr-untapped-marketing-goldmine.
124. http://repcapitalmedia.com/public-sector-case-study-the-world-bank-wows-fans-with-tumblr/.
125. http://industry.shortyawards.com/category/4th_annual/tumblr_brand/RO/happiness-is-coca-cola-on-tumblr.
126. http://socialmediatoday.com/brett-williams/1017741/best-times-post-tumblr.
127. http://industry.shortyawards.com/nominee/4th_annual/YI/doctor-who-tumblr.
128. http://adage.com/article/digital/tumblr-unveils-major-brand-campaign-adidas/235262/.
129. http://www.ignitesocialmedia.com/video-marketing/brand-on-vine/.
130. http://www.name.com/blog/general/2013/06/how-to-use-vine-to-extend-your-brands-social-media-reach/.
131. http://www.ignitesocialmedia.com/video-marketing/brand-on-vine/.
132. http://www.unrulymedia.com/article/08-05-2013/unruly-unveils-top-vine-metrics-and-100-most-tweeted-vines-celebrate-app%E2%80%99s-100-da.
133. http://www.ignitesocialmedia.com/video-marketing/brand-on-vine/.
134. http://www.unrulymedia.com/article/08-05-2013/unruly-unveils-top-vine-metrics-and-100-most-tweeted-vines-celebrate-app%E2%80%99s-100-da.
135. http://www.ignitesocialmedia.com/video-marketing/brand-on-vine/.
136. http://www.unrulymedia.com/article/08-05-2013/unruly-unveils-top-vine-metrics-and-100-most-tweeted-vines-celebrate-app%E2%80%99s-100-da.
137. http://socialmediatoday.com/julie-blakley/1516266/7-brands-getting-creative-vine.
138. http://socialmediatoday.com/julie-blakley/1516266/7-brands-getting-creative-vine.
139. . http://www.ignitesocialmedia.com/video-marketing/brand-on-vine/ http://www.clickz.com/clickz/news/2268718/dunkin-donuts-hops-on-twitters-vine-for-latest-campaign.
140. http://blog.hubspot.com/blog/tabid/6307/bid/34144/How-15-Real-Businesses-Are-Getting-Creative-With-Vine-for-Marketing.aspx.
141. http://www.name.com/blog/general/2013/06/how-to-use-vine-to-extend-your-brands-social-media-reach/.
142. http://blog.hubspot.com/blog/tabid/6307/bid/34144/How-15-Real-Businesses-Are-Getting-Creative-With-Vine-for-Marketing.aspx.
143. http://www.slideshare.net/about.
144. http://www.slideshare.net/about.
145. http://brandongaille.com/slideshare-statistics-and-marketing-tips/.

146. http://brandongaille.com/slideshare-statistics-and-marketing-tips/.
147. http://brandongaille.com/slideshare-statistics-and-marketing-tips/.
148. http://www.slideshare.net/sliddesharepro/10m-infographic.
149. http://brandongaille.com/slideshare-statistics-and-marketing-tips/.
150. http://contentmarketinginstitute.com/education/books/the-marketers-guide-to
   -slideshare/.
151. http://techcrunch.com/2012/01/17/techcrunch-readers-love-slideshare/.
152. http://www.slideshare.net/about.
153. http://www.forbes.com/sites/marketshare/2013/02/28/slideshare-the-quiet-giant-of
   -content-marketing/.
154. http://blog.slideshare.net/2011/10/12/guest-post-karen-leland-use-slideshare-to-tell
   -your-small-business-story/.
155. http://blog.slideshare.net/2013/06/04/how-achievers-leveraged-slideshare-and
   -linkedin-to-increase-lead-gens/.
156. http://blog.slideshare.net/2012/04/30/salesforce-casting-a-wider-net-via-the-social
   -web-2/.
157. http://www.business2community.com/google-plus/getting-started-with-google-plus
   -marketing-0508915.
158. http://www.searchenginejournal.com/google-plus-surpasses-twitter-to-become
   -second-largest-social-network/57740/.
159. http://searchengineland.com/google-worlds-most-popular-search-engine-148089.
160. http://socialfresh.com/seriously-who-is-using-google-plus-and-why/.
161. http://socialfresh.com/seriously-who-is-using-google-plus-and-why/.
162. http://techsavvynyc.com/google-plus-demographics/.
163. http://techsavvynyc.com/google-plus-demographics/.
164. http://techsavvynyc.com/google-plus-demographics/.
165. http://www.clickz.com/clickz/column/2250858/small-businesses-are-benefiting
   -from-google-presence.
166. http://en.community.dell.com/dell-groups/sbc/b/weblog/archive/2013/05/20/trey
   -ratcliff-s-google-domination-visual-content-tips-for-marketers.aspx.
167. http://www.google.co.uk/think/case-studies/cadbury-sweet-google-plus.html.

第 4 章

1. http://www.andreavahl.com/social-media/29-of-the-best-social-media-quotes.php.
2. http://burberry.tumblr.com.
3. http://businesstoday.intoday.in/story/burberry-social-media-initiative/1/191422
   .html.
4. Jonah Peretti, Keynote Speech, SXSW 2013.
5. http://www.youtube.com/watch?v=T6MhAwQ64c0.

第 5 章

1. http://theinspirationroom.com/daily/2013/oreo-daily-twist/.
2. http://dachisgroup.com/2013/06/real-time-marketing-definition/.
3. http://www.emarketer.com/Article/Originality-Content-Marketers-Greatest
   -Challenge/1009495.
4. http://www.zdnet.com/blog/feeds/smart-usa-does-the-math-on-twitter-about
   -pigeon-crap/4921.
5. http://www.wired.com/underwire/2013/02/oreo-twitter-super-bowl/.
6. eMarketer, Inc., *Meeting the Need for Speed: How Social Analytics Support Real-Time*

Marketing, February 2013, p. 2.

7. http://www.emarketer.com/Article/Real-Time-Marketing-Drumbeat-Gets-Louder
-Agencies-Brands-Sign-On/1009869.

8. eMarketer, Inc., *Meeting the Need for Speed: How Social Analytics Support Real-Time
Marketing*, February 2013, p. 2.

9. eMarketer, Inc., *Meeting the Need for Speed: How Social Analytics Support Real-Time
Marketing,* February 2013, p. 5.

10. http://www.emarketer.com/Article/Real-Time-Marketing-Drumbeat-Gets-Louder
-Agencies-Brands-Sign-On/1009869.

11. eMarketer, Inc. *Meeting the Need for Speed: How Social Analytics Support Real-Time
Marketing*, February 2013, p. 9.

12. http://adage.com/article/guest-columnists/fast-truths-real-time-marketing/239959/.

13. http://www.toprankblog.com/2013/04/real-time-marketing-smarts/.

14. http://www.adweek.com/news/technology/oreo-tries-super-bowl-tweet-strategy
-oscars-147518.

15. https://blog.twitter.com/2013/real-time-marketing-spotlight-general-electric
%E2%80%99s-iwanttoinvent.

16. http://www.adweek.com/adfreak/maxipad-brand-goes-blood-brilliant-reply
-facebook-rant-144500.

17. http://www.telegraph.co.uk/foodanddrink/foodanddrinknews/9810767/Horse-meat
-scandal-Tesco-apologises-over-hay-Twitter-post.html.

译后记

络营销的世界瞬息万变，视觉营销的手法更是每分每秒都在变换花样，稍不注意更新知识，立刻就跟不上趟。好在这本书的大部分内容是在授人以渔，更侧重于介绍视觉营销调动观者的原理。营销具体的方法和技巧，是随时可以更新的；承载方法和技巧的平台与载体，也是随时都可能转移的；而用动人的故事抓住受众的眼球，始终处在营销领域的核心位置。

我自己所学的专业，跟广告和媒体都是近亲，多年来也曾翻译过不少与销售有关的书籍。奇怪的是，我一直是个不太擅长"营销"的人，甚至觉得"营销"这个词和它引发的一连串联想，都有点咄咄逼人、令人避之不及的感觉。举个例子，就在翻译这本书短短几个月的过程中，"微商"的概念风起云涌地热闹起来，一时间，不知多少朋友在朋友圈卖起了韩国面膜、美国保健品。大家使用相同的宣传语言、相同的模板、相同的营销手法，推出不同的产品。

所以，哪怕不考虑其他，我也希望这本书能帮助各位有意从事网络营销工作的朋友们打开审美眼界，以更广阔的思路去看待营销工作。

最后，还是放上例行的几句老话，由于译者水平有限，或一时的疏忽，可能出现一些错译、曲解的地方（尤其是一些已经无法查阅的链接和引文）。如读者在阅读过程中发现不妥之处，或是有心得愿意分享，请一定和我联系。我的邮箱是 herstory@163.net，在豆瓣上搜索我翻译的任何一本书的书名，都可以找到我的豆瓣小站。

另外，本书的翻译工作要感谢张志华、李佳、唐竞、李征、廖昕、向倩叶等长期和我共事的同仁，谢谢大家的辛苦努力！

闫佳

商界精品阅读

01 《毁灭优秀公司的七宗罪》

作者：杰格迪什·N·谢斯

探寻优秀公司衰落的七大败因，菲利普·科特勒等管理大师鼎力推荐。

02 《反向思考战胜经济周期》

作者：彼得·纳瓦罗

第一本专注于经济周期战略和策略管理的指导书，加州大学最受欢迎的MBA教授用商战故事讲述不一样的商业思维。

新声精品阅读

01 《4G革命》

作者：斯科特·斯奈德

一场比互联网影响可能更大的无线技术革命已经来临，提供最具价值的4G时代商业建议。

02 《页岩革命：新能源亿万富豪背后的惊人故事》

作者：格雷戈里·祖克曼

《福布斯》年度好书，从美国页岩亿万富豪创业史透视一场深刻的新能源革命。

重磅新书

供应链金融

宋华

中国人民大学商学院教授最新力作，互联网＋浪潮中实体经济与金融如何结合的深度阐释！集实践性、理论性、思想性、创新性为一体。

冯国经、余永定、丁俊发等众多专家一致推荐！

超级天使投资：捕捉未来商业机会的行动指南

【美】戴维·罗斯

硅谷创投元老作品。

全面揭示挖掘未来明星企业九大方法，以及从种子轮到 ABC 轮的必做功课。

创业融资和股权投资必读！

徐小平、蔡文胜、里德·霍夫曼等投资大咖联合推荐！

大洗牌：全球金融秩序最后角力

【荷】米卫凌

欧洲金融家眼中的世界金融战争。

被译成十几种语言，引发全球热议，贾圣林、向松祚等经济学家热情推荐，新浪好书榜上榜图书。

图书在版编目（CIP）数据

　　一本书学会视觉营销 /（美）沃尔特等著；闫佳译. — 北京：中国人民大学
出版社，2015.4
　　ISBN 978-7-300-21012-4

　　Ⅰ.①一⋯　Ⅱ.①沃⋯　②闫⋯　Ⅲ.①企业管理—市场营销学　Ⅳ.①F274

　　中国版本图书馆CIP数据核字（2015）第060403号

一本书学会视觉营销

［美］　叶卡捷琳娜·沃尔特　　　著
　　　　杰西卡·基格里奥

闫　佳　译

Yibenshu Xuehui Shijue Yingxiao

出版发行	中国人民大学出版社	
社　　址	北京中关村大街31号	**邮政编码**　100080
电　　话	010-62511242（总编室）	010-62511770（质管部）
	010-82501766（邮购部）	010-62514148（门市部）
	010-62515195（发行公司）	010-62515275（盗版举报）
网　　址	http://www.crup.com.cn	
	http://www.ttrnet.com（人大教研网）	
经　　销	新华书店	
印　　刷	北京瑞禾彩色印刷有限公司	
规　　格	190mm×240mm　16开本	**版　　次**　2015年9月第1版
印　　张	15	**印　　次**　2015年9月第1次印刷
字　　数	171 000	**定　　价**　59.00元